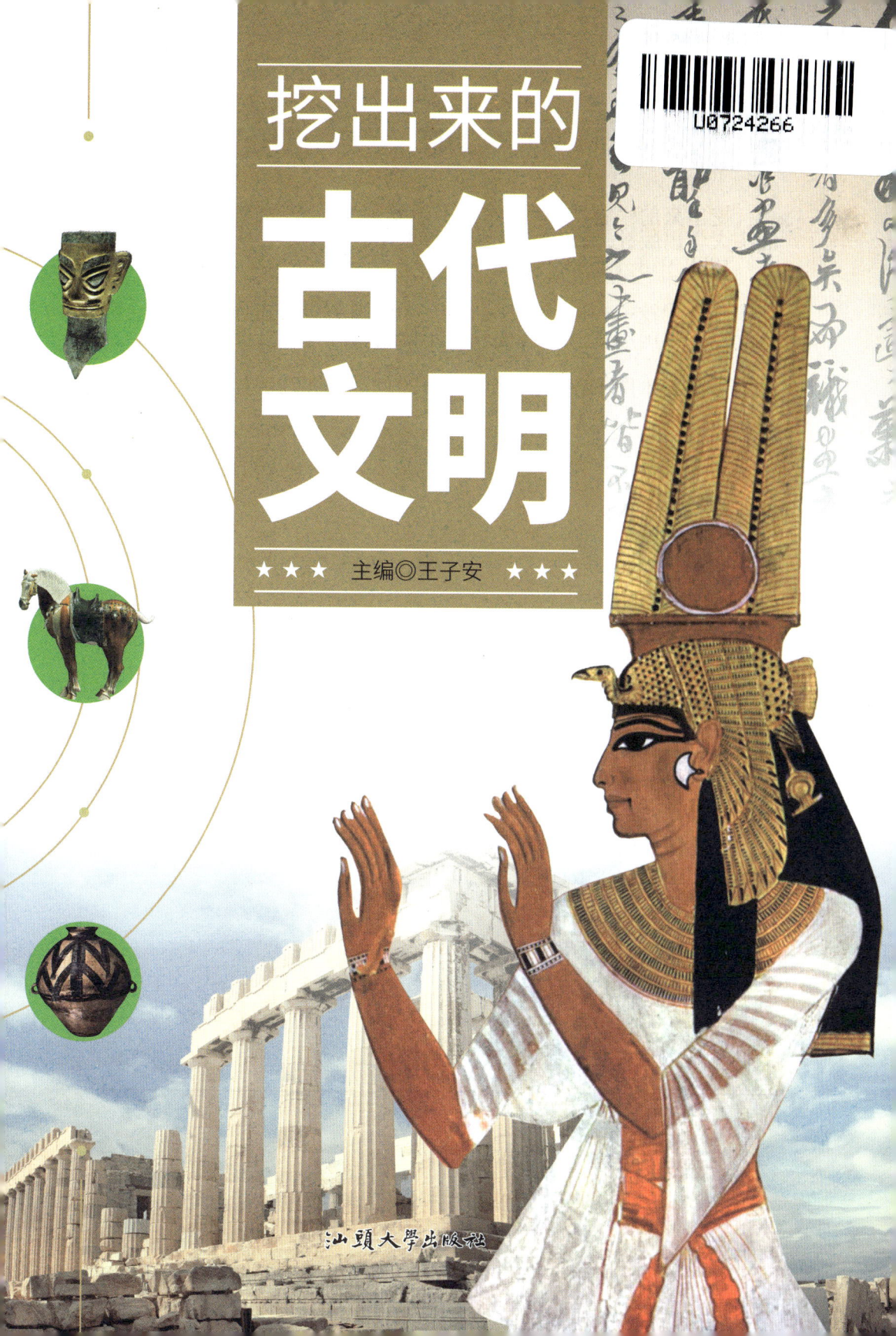

挖出来的

古代文明

★ ★ ★ 主编◎王子安 ★ ★ ★

汕头大学出版社

图书在版编目（ＣＩＰ）数据

　　挖出来的"古代文明" / 王子安主编. -- 汕头 ：
汕头大学出版社，2012.5（2024.1重印）
　　ISBN 978-7-5658-0765-7

　　Ⅰ．①挖… Ⅱ．①王… Ⅲ．①中国历史－古代史－青
年读物②中国历史－古代史－少年读物 Ⅳ．①K220.9

　　中国版本图书馆CIP数据核字(2012)第096720号

挖出来的"古代文明"　　　　　WA CHULAI DE "GUDAI WENMING"

主　　编：王子安
责任编辑：胡开祥
责任技编：黄东生
封面设计：君阅书装
出版发行：汕头大学出版社
　　　　　广东省汕头市汕头大学内　邮编：515063
电　　话：0754-82904613
印　　刷：三河市嵩川印刷有限公司
开　　本：710 mm×1000 mm　1/16
印　　张：16
字　　数：90千字
版　　次：2012年5月第1版
印　　次：2024年1月第2次印刷
定　　价：69.00元
ISBN 978-7-5658-0765-7

前　言

　　浩瀚的宇宙,神秘的地球,以及那些目前为止人类尚不足以弄明白的事物总是像磁铁般地吸引着有着强烈好奇心的人们。无论是年少的还是年长的,人们总是去不断的学习,为的是能更好地了解与我们生活息息相关的各种事物。身为二十一世纪新一代的青年,我们有责任也更有义务去学习、了解、研究我们所处的环境,这对青少年读者的学习和生活都有着很大的益处。这不仅可以丰富青少年读者的知识结构,而且还可以拓宽青少年读者的眼界。

　　文物是历史的一种过去的记忆与遗留,分为可移动的、不可移动的;巨大的、微观的;整群的、个体的。在博物馆、古代墓葬里,我们可以发现许许多多的古代的文物遗存。这些文物或以精妙绝伦,或以文化内涵丰厚,或以历史承载信息厚重,而成为历史的重要见证人。而其中的一些价值不菲的文物,更成为收藏家们的古老玩物,成为财富的象征。本书讲述的即是跟文物相关的知识,共分为六章。第一章总体概述了文物的分类、鉴定内容与方法、定级标准;第二至五章则分别介绍了古代建筑文物与壁画文物、玉石陶瓷漆与金属类文物、书画碑刻与印玺砚类文物、织绣珐琅象牙与钱币家具;第六章则介绍了一些文物故事与文物大家。通过阅读此书,青少年读者会对中国古代的文化以及历史遗存有一定的认识,并从中了解没有文字记载的远古历史的人类活动和社会发展状况。

　　综上所述,《挖出来的"古代文明"》一书记载了古代文物知识中最精彩的部分，从实际出发，根据读者的阅读要求与阅读口味，为读者呈现最有可读性兼趣味性的内容，让读者更加方便地了解历史万物，从而扩大青少年读者的知识容量，提高青少年的知识层面，丰富读者的知识结构，引发读者对万物产生新思想、新概念，从而对世界万物有更加深入的认识。

此外，本书为了迎合广大青少年读者的阅读兴趣，还配有相应的图文解说与介绍，再加上简约、独具一格的版式设计，以及多元素色彩的内容编排，使本书的内容更加生动化、更有吸引力，使本来生趣盎然的知识内容变得更加新鲜亮丽，从而提高了读者在阅读时的感官效果，使读者零距离感受世界万物的深奥、亲身触摸社会历史的奥秘。在阅读本书的同时，青少年读者还可以轻松享受书中内容带来的愉悦，提升读者对万物的审美感，使读者更加热爱自然万物。

尽管本书在制作过程中力求精益求精，但是由于编者水平与时间的有限、仓促，使得本书难免会存在一些不足之处，敬请广大青少年读者予以见谅，并给予批评。希望本书能够成为广大青少年读者成长的良师益友，并使青少年读者的思想得到一定程度上的升华。

2012年7月

目　录
contents

第五章　搜寻美洲的考古遗迹

第六章　简述非洲的考古遗迹

第一章

说说神秘的人类考古学

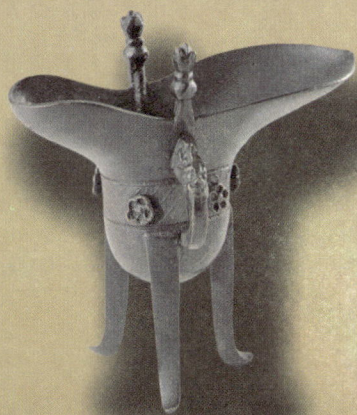

挖出来的"古代文明"

考古学是指通过发掘、调查古人类的遗迹、遗物、文献来研究古代社会的科学，在科学分类学上属于"人文科学"的范畴，是文化人类学的一门分支学科。考古学一词源于欧洲。在古希腊，考古学泛指古代史的研究。公元前4世纪时，哲学家柏拉图开始使用"考古学"来特指古代史的研究。17世纪时，考古学一词被重新使用，此时是特指对古物和古迹的研究。考古学的研究对象，在欧洲还经历了不同时期的变化，比如17、18世纪的考古学主要指的是古物中的美术品，19世纪才泛指一切古物和古迹。我国在东汉时期已有"古学"这个名词，泛指研究古代的学问。北宋时诞生了专门研究青铜彝器和石刻的金石学，这就是中国考古学的前身。1092年成书的《考古图》已率先使用"考古"一词，不过此时指的是考证古文字的来源。

总的说来，考古学研究的对象是实物，主要是物质化的遗存、遗物与遗迹。这些主要是古代人类的活动遗留下来的。另外考古学的研究对象还包括远古人类的进化历史研究，古代生物的进化研究，古代地理环境的变化研究等等。在学科关系上，考古学与历史学、古地理学、古动物学、古植物学、古人类学、古文化学之间的关系密切，属于一种交叉了自然科学因素与社会科学因素的人文学科。从研究目的上来说，考古学家与只研究历史记载的历史学家不同，他们通过研究远古人类的遗留物，对没有历史记载的史前文化也进行研究。总之，考古学家致力于探索人类文化的起源与形态，以为历史研究提供一种遗迹化的实物化的直观历史资料。本章我们即以考古学文化为题，来首先谈一谈人类神秘的考古学的相关理论与知识。

考古学研究

◆话说考古与考古学文化

　　人类的活动具有社会性，所制作的器物和所创造的文化，都是反映社会特定时期的生产技术水平和文化传统的重要资料。古代人类通过各种活动遗留下来的实物资料包括各种遗迹和遗物，大多埋在地下，必须经过科学的调查发掘，才能系统、完整地予以揭示和收集。因此，考古学的基础在于田野调查、发掘工作。一般说来，考古学研究是以物质的遗存为依据，但研究范围不限于物质文化，而是在于通过各种遗迹和遗物，以研究古代人类社会的各个方面，包括生产、技术等物质文化，以及美术、宗教信仰、文学艺术等精神文化。概括地说，考古是人们探寻历史、了解历史、认识历史的重要组成部分。

柏拉图塑像

挖出来的 "古代文明"

　　考古与考古文化息息相关。文化是个内涵十分丰富的概念，一般是指人类在科学、技术、艺术、教育、精神生活以及其他方面所达到的总成就。考古学中所讲的文化，有其特定的含义，专指考古发现中可供人们观察的属于同一时代、分布于共同地区且具有共同特征的一群遗存。比如，在考古工作中，发现某几种特定类型的器物经常在一定地区的某一类型的居址或墓葬中共同出土，那么这么一群有着特定

组合关系的遗存，即可称为一种特定含义的符合考古学定义的 "文化"。下面我们就来说一说考古学文化。

　　19世纪60年代，法国考古学家莫尔蒂耶将欧洲旧石器时代分为五期，仿照地质学上历史分期的方法以第一次发现的地点来命名。第一次世界大战后，由于考古发现地区的扩大，考古学家知道同一地质时期中不同地区遗存的面貌并不相同，特别是到了新石器时代和青铜

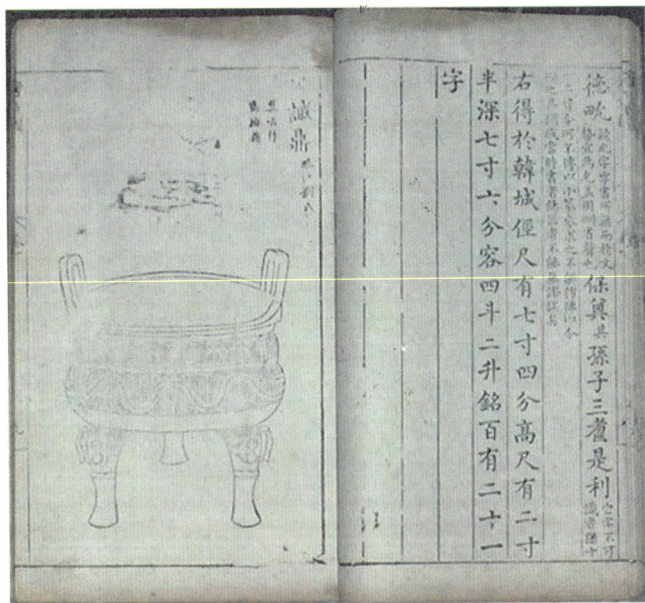

《考古图》

4

考古发现的新石器时代的器物

器时代，遗存的内容更加复杂，各地区的差异十分明显。同时，随着研究工作的深入，考古学家发现有些原来以为是前后相衔接的不同时期文化，实际上是同时并存的不同文化。因此，考古学界就产生了"考古学文化"这个概念。简单来说，所谓"考古学文化"既可用来特指同一时期中不同类型的遗存，也可用来特指同一地区但时代有先后的不同类型的遗存。在中国考古学发展史上也有类似的情况，最初瑞典地质和考古学家安特生将甘肃新石器时代遗存分成六期，推断每期三百年并前后相接。

总之，在考古学发展史上除了分期的概念之外，还增加了"考古学文化"这一概念，是很有意义

挖出来的"古代文明"

彩陶器皿

化、丁村文化、小南海文化、仰韶文化、大汶口文化、河姆渡文化等。另外，还有的以地区或流域来命名，目的是为了进一步弄清这一文化分布的范围，比如欧洲的多瑙河文化。还有的以遗物特征来命名，比如我国考古学界所称的细石器文化、彩陶文化、黑陶文化和欧洲的巨石文化、钟杯战斧文化等。但是，这种以遗物特征来命名的方法，容易以片面的特征代替整个文化的特征，尤其是这种个别类型的特征遗物，可能分属于不同的考古学文化，因而近年来已不大被人们采用。

的。一般说来，考古学文化的命名是以首次发现的典型遗址所在的小地名作为考古学文化名称，比如欧洲的莫斯特文化、梭鲁特文化、马格德林文化，以及我国的周口店文

考古知识小花絮

考古学文化命名的辅助方法

（1）对发现地点的名称加前、后缀的考古学文化命名的方法。如甘肃仰韶文化、河南龙山文化，这是因为它们和典型龙山文化有相同处，

也有差异处，所以在前面加上特定的前缀修饰。另外由于发掘地点中不止一个文化，也可对地名加后缀加以区别，如庙底沟二期文化、青龙泉三期文化。这里需要注意的是，如果仅属地方性的小差异，可采用这种办法。但如果差异大到可认为是独立的文化时，便应另起文化名称。

（2）以族别来命名。如巴蜀文化，不过这只能适用于较晚的文化，并要经过精确考据，否则易造成混乱，因此最好仍以小地名命名来指出这种文化可能属于某族。另外，诸如商周文化、秦汉文化、隋唐文化等，是一般用语的文化，即指一民族在特定时期中各方面的总成就，包括物质文化以外的一切文字记录所提及的各个方面。

◆考古学的研究对象

对考古学文化进行研究，不仅要解决时代和分期，而且还要研究考古学文化的内容、特征、分布范围、起源、发展，以及同其他文化之间的联系。与此同时，要对一种文化的内容有充分的了解，至少应对该文化的一处典型遗址作较全面、深入的研究，以把握这一文化的主要内容。一个考古学文化包括有不同的文化因素，例如某几种特定类型的住宅、墓葬、工具、陶器、装饰品，以及某些特定的工艺技术等。也就是说，每个考古学文化的内容都是个有机整体，显示其背后有着共同的文化传统。由于考古学作为历史科学的一个部门，不仅要研究人类社会发展史的共同规律，还要研究各个地区、各个民族的共同体发展的特殊性。因而必须确立考古学文化这一概念，以便对不同的文化共同体分别加以深入研究，以便探寻物质文化和社会发展的特殊关系的规律性。

对同时并存的各种考古学文化，要根据考古调查和发掘，来搞清它们的分布范围。这些范围同自然地理的区划并不完全一致。另外，一种文化在发展过程中，各个阶段的分布范围也会有所不同，文化因素也不断地发生变化。当一种文化发展成为显然不大相同的另一类型时，可称为同一文化的另一个新阶段；如果发生了质的改变，则应视为另一种文化。但这需要有充分的资料，作深入的分析和研究才能确定。同时，一种文化特征的形成，主要是由于其内部发展，有时也因与外界的接触而受到另一种文化的影响。这些都是在对考古学文化进行研究时需要重视的问题。

考古学的研究对象是实物资料，主要是作为实物资料的遗迹和遗物。也就是说，考古学研究的对象是物质的遗存，即古代的遗迹和遗物。这就是它与依靠文献记载以研究人类历史的狭义历史学的最重要的不同点。考古学和历史学，是历史科学（即广义历史学）的两个主要的组成部分，犹如车的两轮，不可偏废。但是，两者的关系虽很密切，却是各自独立的。它们都属 "时间" 的科学都以研究人类古代社会历史为目标，但所用的资料大不相同，因而所用的方法也不相同。有人把依靠文献资料以研究人类古代历史的狭义历史学称为考古学，这是不符合近代考古学的基本含义的。总之，作为考古学研究对象的实物，应该是古代人类通过各种活动遗留下来的，是经过人类有意识的加工。如果是未经人类加工的自然物，则必须是与人类的活动有关，或是能够反映人类的活动。这就说明，考古学是属于人文科学中的历史科学，而不属于自然科学，尽管在考古学的研究过程中必须充分利用各种自然科学的技术和方法。

◆考古学中的常见术语

考古学是指通过发掘、调查古人类的遗迹、遗物、文献来研究古代社会的科学。考古学一词源于欧洲。在古希腊，考古学泛指古代史的研究。17世纪时，考古学特指对古物和古迹的研究。考古学的研究对象在欧洲还经历了不同时期的变化，如17、18世纪的考古学主要指的是古物中的美术品，19世纪才泛指一切古物和古迹。总的说来，考古学研究的对象是实物，主要是物质化的遗存、遗物与遗迹。另外，考古学的研究对象还包括远古人类的进化历史研究、古代生物的进化研究、古代地理环境的变化研究。从研究目的上来说，考古学家通过研究远古人类的遗留物，对没有历史记载的史前文化进行研究，致力于探索人类文化的起源与形态，以为历史研究提供一种遗迹化的实物化的直观历史资料。接下来，我们来介绍一些考古学中的常见术语，以帮助广大读者更好地了解、掌握考古学的相关知识。

（1）考古学。考古学是研究古代人的科学。一般认为，雅各布斯波在1674年最早使用了这个名词。他是17世纪的一位德国物理学家、旅行家和学者。

（2）人类学。人类学即对人类进行研究的科学。有时与考古学、古生物学交叉，特别是对早期人类遗址的研究。

（3）人工制品。人工制品即人类制造的、使用过的或对人类有用的物品。

（4）土冢。土冢特指青铜时代地面上的土墩，通常用来覆盖埋葬物。

（5）BP。BP即距今年代，代替传统的BC（公元前）和AD（公元后）。它的好处是使得所有文化和宗教的年代变得更加直观。1950年被定为考古学上的"现在"。

（6）放射性碳素断代法。放

射性碳素断代法是一种测量放射性同位素的衰变比率的技术，能测定五万年以内有机材料的年代。

（7）热释光断代技术。热释光断代技术能用于陶器的断代，即将物件重新加热，然后测量发出光线，以断定黏土器物最初的加热时间。

楔形文字泥板

（8）稻作遗存。稻作埋藏的特征从地面上看是无形的，只有在高空中俯视，才能发现在稻谷中的不同颜色的斑纹。1586年，威廉康德在消失了的肯特罗马港口发现了这种现象，并对其进行了描述，如今这种现象仍被广泛利用。现在一般用玉米代替稻谷，当玉米长成时，就会发现交错、相通的道路。道路经过的地方，玉米更稀一些。考古学家把这种交叉口称为南奥古斯丁交叉口。

（9）楔形文字。楔形文字是最古老的书写形式之一，因其字母外形很像楔形而得名，通常是用刺在湿的陶土上刻写而成。

（10）树木年轮断代。树木年轮断代即根据计算树木年轮（每年增加一轮）而对树木断代。树木年轮断代还可以提供气

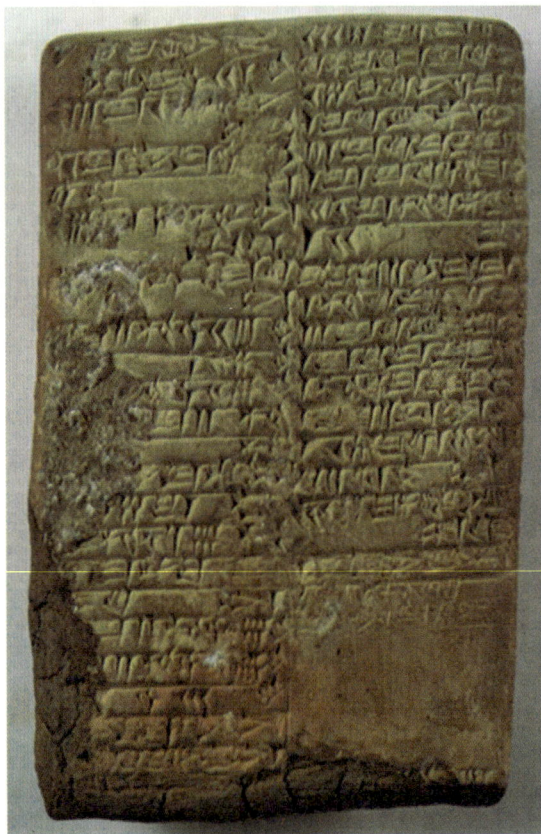

象形文字

候方面的证据，因为气候能影响树轮的宽窄。这种技术最早在20世纪20年代用于考古学。

（11）发掘。发掘通常指的是遗址物质的发现，即全面移开表面并记录地层或开探沟揭示堆积的情况，全面发掘而不留下任何东西。

（12）田野考古学。田野考古学包括在田野里工作的考古学，其相对应的是室内考古学（主要用于审定申请计划）和电脑考古学。

这种考古学对遗址的研究，主要依靠现有的文件、地图、人口普查资料、测量数据和以前的发掘报告。

（13）象形文字。象形文字是文字的象征符号，使用图画代表思想或言语，如古代埃及所使用的文字。

（14）陪葬品。陪葬品是指与人的尸体一起埋葬的物品，是一种相当有价值的习俗现象。

（15）葬式。葬式即埋葬尸体

的方式，如火葬，用火焚烧尸体。

（16）巨石文化。巨石文化即使用巨大的石头筑成的纪念碑形式的物件，如环状列石。

（17）史前。史前通常指的是"非常古老"的意思；精确地说是指文字发明以前。

（18）陶瓷碎片或瓷片。陶瓷碎片或瓷片即破碎陶瓷的一部分，对于确定年代序列有十分重要的作用。

（19）抢救性考古学。抢救性考古学即一个遗址因为开发的需要，在它被破坏前，为获得尽可能多的信息所进行的抢救性发掘。

（20）相对年代。相对年代即一个事物通过与另一个事物相对照而得出的年代，但不用给出确切的年代。与相对年代相对的绝对年代，要有确切的年代。

（21）地层学。地层学即进行堆积物层次的研究。一般认为，埋得越深的年代越久远。

（22）三期说。三期说即把历史分为石器时代、青铜时代、铁器时代的学说，这种分法用在欧洲是可行的，但用于世界的其他地区则不正确，因为有的地区现在还处于石器时代。三期说的最初提出者是丹麦考古学家汤姆森。

◆考古学研究的年代范围

考古学是历史科学的一个组成部分，但其研究的范围是古代，所以考古学研究与近代史、现代史是无关的。各国考古学都有它们的年代下限。例如，英国考古学的年代下限为1066年诺曼人入侵，法国考古学的年代下限为987年加洛林王朝覆灭，美洲各国考古学的年代下限为1492年哥伦布发现新大陆。一般说来，我国考古学的年代下限可以定为1644年明朝灭亡。值得一提的是，也有人把考古学的年代范围局限于史前时代，也就是没有文字记载的古代。这样，便把许多文明古国的

史前时代以外，还应该包括原史时代和历史时代。就我国考古学而言，历史时代不仅指商代和周代，而且还包括秦汉及其以后各代。因此那种流行的所谓的"古不考三代以下"的观点是不对的。当然，历史越古老，文字记载越少，考古学研究的重要性也越显著。要究明人类没有文字记载的史前时代的社会历史，就必须在极大程度上依靠考古学，因而在某种程度上来说，史前考古学与史前史就等同了起来。

哥伦布铜像

历史时代都排除在考古学研究的年代范围之外，是不妥当的。

考古学不研究近代和现代而研究古代，这是必须肯定的。但是，考古学所研究的"古代"，除了

在欧洲，英国有一门"中世纪考古学"，其年代下限延伸到1640年的英国资产阶级革命开始；另外，在欧洲还有一门所谓的"工业考古学"，其年代下限更延伸到18世纪和19世纪的工业革命初

期。在美洲，则有所谓的"历史考古学"或"殖民地时代考古学"，它们的年代范围在哥伦布发现美洲之后，直到18世纪末或19世纪初美洲各国在政治上获得独立。不过，这里需要注意的是，英国的所谓

"工业考古学"，美洲所谓的"历史考古学"或"殖民地时代考古学"，实际上均是利用考古学的方法来研究近代历史，不能算作真正的考古学。

考古学分类

◆史前考古学和历史考古学

从研究的年代范围上划分，考古学可分为史前考古学和历史考古学两大分支。也有人主张在两者之间加入"原史考古学"，而成为三大分支，但从实际意义来说，原史考古学的重要性不如前两者。

首先，史前考古学的研究范围是未有文字之前的人类历史，历史考古学的研究范围则限于有了文献记载以后的人类历史。史前考古学和历史考古学的界线在于文字的

发明。世界各地文字的发明有早有晚，所以各地区史前考古学的年代下限和历史考古学的年代上限各有不同。

其次，史前考古学和历史考古学都以遗迹和遗物为研究对象，这是它们之间的共同性。但由于历史考古学必须参照文献记载，而史前考古学则没有任何文献记载可供依据，所以两者的研究任务也有所不同。也就是说，史前考古学承担了研究史前时代人类历史的全部责

任，而历史考古学则可以与历史学分工合作，相辅相成，共同研究历史时代人类社会的历史。

再次，由于史前考古学主要是研究旧石器时代和新石器时代，有时也包括青铜时代和早期铁器时代。而历史考古学主要是研究青铜时代尤其是铁器时代。因此，史前考古学和历史考古学所研究的遗迹和遗物在性质上有一定的差异，所以它们的研究方法也有所不同。

最后，从与其他学科的关系来说，史前考古学要充分与地质学、古生物学、古人类学、民族学等学科相结合，历史考古学则必须与历史学相配合，同时还要依靠古文字学、铭刻学、古钱学、古建筑学等分支学科。另外，从断定绝对年代

青铜器时代的青铜鼎

的手段来说，史前考古学在很大程度上要依靠物理学、化学等自然科学的技术，而历史考古学则主要依靠文献记载、年历学与年代学的研究成果。

除了以上所述各种考古学主要的分支以外，考古学还可以按地区的不同而分为欧洲考古学、埃及考古学、中国考古学和日本考古学等各分支，而各地区的考古学则又可按时代等的不同而分为古典考古学

挖出来的 "古代文明"

（希腊罗马考古学）、商周考古学 等许多分支。

考古知识小花絮

考古学的学科理论简述

在实际研究工作中，考古学所运用到的考古学理论主要有考古发掘管理、文化传播论；与考古学研究相关的学科主要有第四纪地质学、体质人类学、古动物学、古植物学、物理学、化学、民族学、民俗学、社会学、历史学、宗教学、语言学、自然科学史、美术史、建筑史、地层学。考古学主要的分支学科有新考古学、后过程主义考古学、科技考古学。按研究时间可以分为史前考古学、历史考古学；按研究地区象可以分为欧洲考古学、埃及考古学、中国考古学、日本考古学、中部美洲考古学；按研究内容间可以分为宗教考古学、美术考古学、铭刻学、甲骨学、古陶瓷学、古钱学、农业考古学、环境考古学、地质考古学、考古植物学、考古动物学、考古天文学；按研究手段可以分为田野考古学、水下考古学，另外还有类型学、考古学史、古文献学、纹章学、考古地磁学、纸草学、金石学、古文字学、考古年代学等分支。另外，常用的考古技术有考古修复、考古年代测定、遥感考古、考古发掘、洛阳铲。

◆田野考古学与特殊考古学

按照研究的年代范围、具体对象等的不同，考古学可以划分为史前考古学、历史考古学、特殊考古学等多种分类。考古是一个整体，田野调查发掘和室内整理研究有着密切的联系，不能截然分割。田野考古学是考古学的一个重要分支。田野考古学是在20世纪初正式提出的。当时的田野考古学主要是勘察地面上的遗迹和遗物，依靠地图进行调查，有时则要根据调查结果，测绘地图，作为记录的附件。以后，世界各地的田野考古转入以发掘为中心，并扩大调查的对象和范围，方法逐渐完善，技术快速进步。

如今，各种自然科学的手段相继被田野考古学采用，许多机械设备被田野考古学用作调查发掘的工具。尤其是利用航空照相、卫星照相、磁力探察、地抗力探察等方法以发现遗迹和遗物，用红外线摄影和其他各种特殊的摄影技术测量和制图，为进行分析和各种物理化学断代而取样，以及将发掘出来的遗迹保存于现场等，都使得田野考古学的工作面扩大，技术性加强。总的来说，随着科学技术的不断进步与不断被引进到考古学中，田野考古学调查发掘的对象也由一般的居住遗址和墓葬等扩大到道路、桥梁、沟渠、运河、农田、都市、港口、窑群和矿场等各种大面积的遗址，从而使得考古工作者必须与各个相关学科的专家协作，才能完成全面的、综合性的研究任务。

特殊考古学作为考古学的分支使用这一名称，是为了与史前考古学、历史考古学、田野考古学等考古学的主要分支相区别。特殊考古学有的是按研究对象不同而分的，如美术考古学、宗教考古学、古钱学、古文字学和铭刻学等；有的是按所用手段和方法不同而分的，如航空考古学、水底考古学等。下面我们就来介绍一

挖出来的"古代文明"

甲骨文

些特殊的考古学分支：

（1）古文字学。古文字学主要是研究古代的文字及手稿的学科。古文字学的主要研究对象有：古埃及文、亚述文、巴比伦文、甲骨文。

（2）金石学。金石学是中国古代传统文化中的一类考古学，主要研究对象为前朝的铜器和碑石，特别是上面的文字铭刻及拓片，另外还包括竹简、甲骨、玉器、砖瓦、封泥、兵符、明器等文物。金石学在汉朝就已出现，在宋朝、清朝时期最发达。宋朝石鼓文的出土和清末甲骨文的发现是金石学的重要里程碑。金石学研究涉及文字学、历史、书法、文学、图书学等方面。

著名金石学家有宋代的赵明诚、欧阳修，清代的罗振玉、王国维、王懿荣。

（3）科技考古学。科技考古学是考古学的一个重要分支，主要是指用现代科技手段分析研究古代人类文化遗存以及与人类活动相关的自然遗存，获得更多的古代人类活动信息，从而尽可能地恢复古代人类社会的面貌的考古学科。

考古知识小花絮

与考古相关的地层学

考古年代的测定主要采用碳14放射测定，其它方法包括：铀系统断代、古地磁断代、骨化石含氟量断代、钾氩法断代与热释光断代。另外经常用到地层学。地层学是地质学的一个分支，是地质学的基础学科，在19世纪发展起来。地层学最早用于研究沉积岩和火山喷出的层序，如今的研究包括地层的时代和地理分布、地层的分类、各种岩石之间的关系等。地层学根据研究对象可分为岩石地层学、生物地层学和年代地层学。其中，岩石地层学主要研究不同地层的岩石特点，地层倾斜对沉积的影响、地层的化学成分；生物地层学主要研究各个地层中的生物化石、确定个地层的年代、对生物进化学说有很大的证实作用；年代地层学主要用于考古断代，不同地层的考古发现可以帮助确定其年代。另外地层学的研究还对寻找沉积矿床起到指导作用。

◆美术考古学与宗教考古学

美术考古学是考古学和古代美术史的结合。古代美术史的许多研究对象，从旧石器时代的洞穴壁画、岩画到各个时代的绘画、雕刻、造像、各种工艺品及神殿、寺庙和石窟寺等，都属遗迹和遗物。考古学上的类型学和年代学等方法，也适用于古代美术史的研究。作为考古学的一个分支，美术考古学是从历史科学的立场出发，把各种美术品作为实物标本，研究的目标在于复原古代的社会文化。这与美术史学者从作为意识形态的审美观念出发以研究各种美术品相比，则有原则性的差别。由于美术考古学的研究对象在年代上上起旧石器时代，下迄各历史时代，所以它既属于史前考古学的范围，也属于历史考古学的范围。又由于作为遗迹和遗物的各种美术品多是从田野调查发掘工作中发现的，所以美术考古学与田野考古学的关系也相当密切。

宗教考古学是以有关宗教的遗迹和遗物为研究对象的考古学分支。由于早在旧石器时代和新石器时代，人类已有宗教性的活动，并有一定的遗迹和遗物。因此，宗教考古学这一分支，也应被包含在史前考古学的领域内。在古代，宗教信仰普遍存在于人类社会。因此，在研究人类社会的历史时，必须把宗教活动也作为一个重要的方面。各个时代的神殿、寺庙、祭坛、祭具、造像、壁画、经卷等等，都是宗教考古学的具体研究对象。这些属于宗教考古学研究资料的实物，有的具有一定的美术价值。因此，宗教考古学与美术考古学的关系也比较密切。在宗教考古学中，欧洲的基督教考古学、北非及西亚和中亚的伊斯兰教考古学、南亚和东亚的佛教考古学是最重要的，它们都属历史考古学的领域。

◆古钱学、古文字学和铭刻学

古钱学是以古钱为研究对象

的考古学。由于古钱是历史时代的产物，古钱学属于历史考古学的范围。我国现存最早的古钱学专著是宋朝洪遵的《泉志》，其他著名的古钱著作有《古钱大辞典》《钱谱》《钱录》《钱通》《古泉汇考》《吉金所见录》。由于古钱的铸造年代明确，古钱便成为考古学断代的最通常的依据之一。作为考古学的一个分支，古钱学的研究有着极为广泛和重要的意义。古钱学不仅要判别各种古钱的铸造年代，而且还要通过对钱的形状、质料、重量、铭文、图纹和铸造技术的考察来辨别古钱的发行者和发行地点，确定古钱学的价值，研究古钱学的铭文与图纹的意义和风格，从而为经济史、文化史、美术史的研

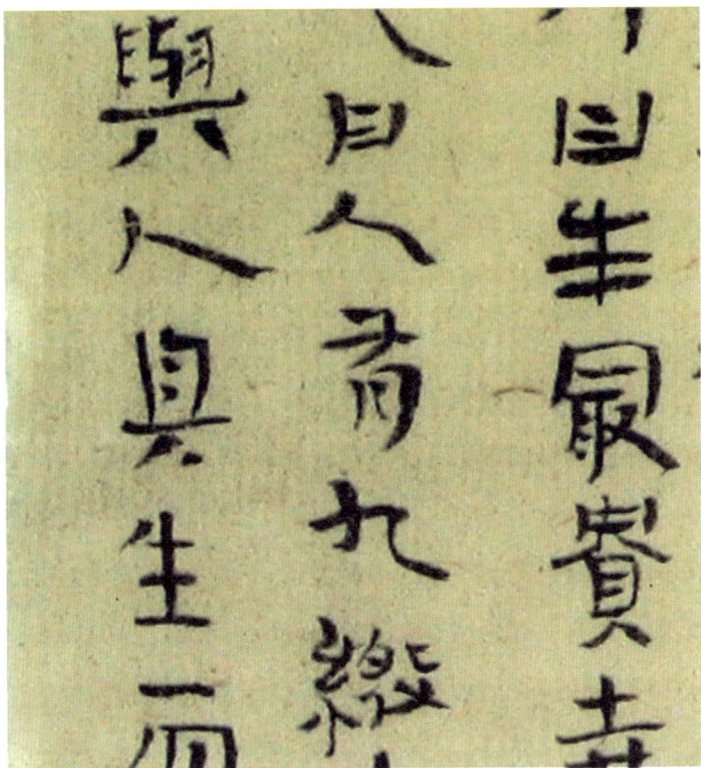

帛　书

挖出来的"古代文明"

究提供材料。另外，通过对出土古钱在地域上的分布情形的考察，还可以研究世界各个地区在经济贸易、文化交流等方面的情况，并为判断当时的交通路线提供线索。古钱学分为古代古钱学和新古钱学。其中，古代古钱学以古代钱币为研究对象，主要研究钱币的形制、书体、重量和成分等；新古钱学则通过对古钱的研究，进而探求当时社会的政治经济状况。

作为考古学的分支，古文字学和铭刻学的研究对象必须是铸、刻或书写于遗迹和遗物上的文辞。古文字学和铭刻学的任务在于识别铭辞的文字，判读辞句的意义，区别不同时代、不同地区的字体。在使用拼音字母的国家，铭刻学被称为"古字体学"。古文字学和铭刻学的研究对象，与一般的书籍文献不同。含有文辞的遗迹和遗物，可分两类：一类是诸如墓志、碑碣、印章、甲骨、简牍、泥板、帛书、

纸书等，文辞是器物的主要内容；另一类是诸如纪念性建筑物、雕刻品、绘画、货币、度量衡器、镜鉴、工具、武器、各种容器等，铭文处于附属的地位。

就已发现的古文字而言，如古印度文字、契丹文字、玛雅文字等，已有不少单字能够识别，但还不能顺利判读文辞。埃及古文字、苏美尔文字、迈锡尼文字、商周甲骨文字等，都已能详细解读，因而这些古代文字对研究古埃及文明、苏美尔文明、迈锡尼时代的希腊文明和中国的殷商文明起了很大的作用。此外，对铭文的研究还可以判明遗迹和遗物的年代、制作者、所有者、所在地、用途和制造目的等。由于铭辞存在于遗迹和遗物上，其可靠程度大大超过文献的记载，不仅可补文献记载的不足，有时还可纠正其中的错误。因此，古文字学和铭刻学对原史考古学和历史考古学的研究有着很重要的意义。

◆航空考古学与水底考古学

航空考古学，是指使用飞机从空中向地面摄影，通过对所得照片的观察、分析，以判定遗迹和遗物的形状、种类及它们的分布情形的考古学分支。航空考古学开始于第一次世界大战后期。当时英国、法国和德国的考古学者利用空军侦察地形时所摄的航空照片，以探寻地面上的古迹。战争结束后，此项工作进一步开展，尤以英国考古学者的工作最为出色，由此而奠定了航空考古学的基础。近年来，随着航空考古学的技术不断改进，特别是人造卫星的发明和摄影技术的发展，使得航空考古学的研究水平得以大大提高。航空考古学可以看成是田野考古学中的一支生力军。

航空考古学通过航空摄影和航天摄影显示和判别出来的遗迹，可分为三类。一是由阳光斜射时产生的阴影显示出来的，如堤坝、城墙和坟丘等遗迹；二是利用因土质不同而产生的土色明暗判别出来

的，如坑穴、壕沟和道路等遗迹；三是从谷物、野草等植物的绿色深浅差异而判明的，如村落、都市、农田、道路、运河等遗址。另外，没入海中的遗迹有时也可通过空中摄影发现，比如腓尼基的两个海港——推罗和西顿延，它们的发现便是著名的航空考古学例子。

水底考古学是田野考古学在水域的延伸，水底考古学的萌芽可上溯到16世纪意大利人在海底探寻沉船。20世纪初期，水底考古调查在世界各地进行，最有名的是在墨西哥奇琴伊察玛雅文化遗址的"圣池"中寻找牲人和祭品，以及在突尼斯马赫迪耶港的海上探寻满载古希腊美术品的罗马沉船。但由于潜水条件的限制，当时的海底调查不能做精细的操作和记录。后来由于在1943年发明了潜水肺，第二次世界大战后改进了各方面的潜水设备和条件，从而才使真正的水底考古学得以成立。

从20世纪60年代起，先是法国人在马赛附近海底发掘沉船，接着美国考古队在土耳其附近海底发掘古希腊罗马时代和青铜时代晚期的沉船，不仅获得船中许多古物，而且还为研究古代造船术、航海术、海上交通和贸易提供了重要的新资料。如今，水底考古学的研究对象从沉没物、沉船，扩大到淹没于湖底、海中的都市和港市等的遗址，而勘察、发掘及摄影记录等的手段和方法也大为改善，使得水底考古学不断取得成果。

◆新考古学与后过程考古学

新考古学是20世纪60年代在北美流行的考古学派，发起人是芝加哥大学考古学家路易斯·宾佛和他的学生朗格、希尔。考古学家宾佛注重研究人类活动的行为和过程，主张要对考古遗物的解释进行严格的经验检验，要用经过严格检验的考古证据重建史前人类生活。1962

年，宾佛发表"如果考古学不是人类学的话，那么就什么都不是"的观点，认为考古学必须充分借用人类学的理论与资料。宾佛的考古学中心思想可以归纳为：认为人类的文化下由数个文化分支组成，要清楚了解文化就要仔细研究每个文化分支；认为考古学资料与现存的族群之间的联系有可靠的关联性，因此可以运用民族志类比的方式，为考古学重建文化增加认识；反对那种精细研究单一文化的面貌，认为了解文化变迁的过程比了解文化本身更重要；认为文化是因为适应环境的变化而不断产生变迁的；重视科技性的研究方法在考古学上的应用。总之，新考古学重视遗物从制造到进入考古学家研究视野的整个过程。

后过程考古学，又叫后过程主义考古学，是一个相对于过程考古学的名词。后过程考古学包含了各式各样的支派，如：脉络考古学，即强调将过去视为文本，解读其中的信息；认知考古学，即强调人类的主观意识及抽象层面，如宗教、宇宙观等；批判考古学，即对考古学家以本身经验为基础，判读过去历史的正确性抱持质疑态度，运用反思进行研究；性别考古学，多为具女性主义色彩的考古学家，多以理论角度批判将女性作为第二性的人类社会结构的基本认识。总的说来，后过程考古学的批判观点及反省能力，提供了世界考古学界深思的广大空间。但后过程考古学的许多观点都无法与实际考古数据相配合，对于解决发掘数据显现的问题不如传统方法有效。

考古学的特殊研究

◆中国的甲骨学

殷墟花园庄东地考古发现

甲包括龟的腹甲与背甲，骨多为或牛的肩胛骨与肋骨。甲骨文是中国的一种古代文字，是现代汉字的雏型，是现存中国古代最成熟的一种文字。甲骨文的形状会因甲骨分期而略有差异，武丁时期的甲骨最为完整，同时也是现存甲骨数量最多的时期。甲骨文初发现于河南安阳小屯村一带，距今约三千余年，是比篆文、籀文更早的文字。清光绪二十四年（1898年）以前，当地的农民在采收花生时，偶然捡到一些龟甲和兽骨，被当成中药卖给药铺。清末金石学家王懿荣一次偶然在中药材"龙骨"片上发现有古文字，经过查证后才知道这种文字产于是商代国都所在地——安阳。后来，王襄、孟定生、刘鹗、端方、胡石查等人均加入到甲骨文研究中。

1928年，由董作宾领导的民国中央研究院历史语言研究所，第一次有计划地对甲骨文进行考古发掘。发掘地点除了河南安阳洹水南岸的小屯村以外，还扩大到后冈和洹水北岸的侯家庄西北冈、高井台子、大司空村等地。一共出土龟甲、兽骨24900多片。抗战期间，有12000多片甲骨随同众多文物等被偷运日本。1973年，小屯南地又出土4805片甲骨文。1991年，殷墟花园庄东地H3坑中又出土甲骨文689片。目前共发现有大约15万片甲骨，甲骨文大约有4500个单字，解读了大约三分之一左右。甲骨文使用了象形、指事和会意等汉字造字的方法，形声字占大约25％左右。甲

骨的内容涉及天文、气象、地理、职官、畜牧、宗教等方面。

1917年，国学大师王国维发表第一篇甲骨文研究论文——《殷卜辞中所见先公先王考》。王国维利用甲骨文上面的资料证实了《史记·殷本纪》的记载，也更正了不少错误。从而论证了甲骨文在我国历史研究中的重大意义。从事甲骨文研究的著名学者有罗振玉、刘

董作宾

锷、丁山、武龙章、王襄、商承
柞、叶玉森、陆懋德、胡光玮、程
憬、林义光、柯昌济、马衡、容
庚、闻宥、余永梁、陈邦怀、陈邦
福、张凤、罗福成、孙诒让、王国
维、王襄、唐兰、杨树达、郭沫
若、容庚、于省吾、金祥恒、张秉
权、姚孝遂、陈梦家、刘渊临、董
作宾、胡厚宣、李孝定、裘锡圭、
李学勤、林沄、黄天树、蔡哲茂、
李宗焜、李家浩、刘钊、宋镇豪、
饶宗颐。著名的甲骨学著作有王襄
的《甲骨文字典》《室殷契征征
文》、刘锷的《铁云藏龟》、孙诒
让的《契文举例》、罗振玉的《殷
墟书契》《殷墟书契奢华》《铁云
藏龟之余》《殷商占卜文字考》
《殷墟书契考释》、董作宾的《殷
虚文字甲编》《殷虚文字乙编》
《殷虚文字外编》。

◆ 欧洲的纹章学

纹章学是西方一门研究纹章
的设计与应用的学问，是欧美考古
学的一门分支学科。纹章学一词源
自"传令官"。据说在中世纪的马
上比武大会上，骑士全身披挂，全
靠盾牌上的纹章才搞得清谁是谁，
大会上的传令官就凭纹章而向观众
报告骑士的比武情况，渐渐"传令
官"成了"纹章专家"的代名词，
纹章学也就由此衍生。纹章的构
图、用色都有严格的规定，其研究
除作为文化史的一部分，还有助于
历史考证，例如用于断定宗谱及鉴
定艺术品、文物的年份等。

上古时代，不同的部落就试图
用具象（图腾）的方式来展现他们
的特色。比如服装和头饰上分别拥
有不同的颜色及符号，尤其是动物
符号及相应的各类早期神祇。这种
外在差别使得人们在战场上能够分
辨出不同部落的战士。在古希腊战

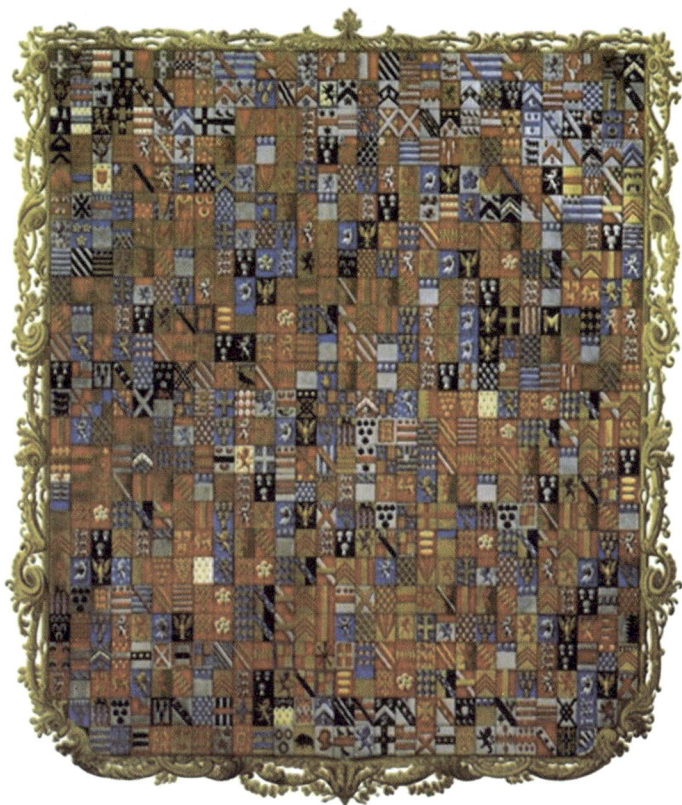

纹　章

士的盾牌上也能找到不同种类的动物，如狮子、战马、猎狗、野猪或者猛禽。不过在这一时期，盾牌上的图形元素仅起到装饰的作用。在战斗中，对区分敌我起到决定性作用的是军团旗帜及战士服装颜色的差别，这些差别使得在较远的距离上分辨敌我成为可能。后来慢慢形成了较为固定的战旗样式，并逐渐演变为盾牌纹章。诸如古巴比伦、波斯及古代中国的将军们会为他们的军队制作具有同一图示或文字符号的盾牌和旗帜。

欧洲中世纪时，封建领主们开始选择属于他们自己的象征符号。在这样的大趋势下，盾牌上使

挖出来的"古代文明"

用的颜色和符号变得越来越重要，人们更倾向于使用更多的颜色和几何形状的组合。纹章存在的另一个理由归功于中世纪骑士之间的、以武技竞赛和表演为目的的各类竞赛。十二世纪的骑士们，在全身铠甲的包裹之下，人们几乎认不出他们来。因此，参赛者们通常将他们的或者他们主人的纹章装饰在盾牌上。十二世纪是纹章学的萌芽时期，这时的纹章上标示的绘制是十分重要的，通过这些标示，竞赛的主持者才便于在比赛开始之前呼唤相应的骑士。通过无休止的战斗，某些纹章逐渐累积了相当的声望，人们开始在自己的家族房屋上使用这些纹章以表明自己的身份。自然而然的，纹章上所使用的色彩及组成元素也开始展示家族亲属之间的关系。

最简单的纹章，就是什么图案也没有的单色纹章，但这种纹章很少见，大部分纹章由多于一种颜色组成，并附有图案。纹章外框的形状没有严格的规定，多为盾牌形，女性用的纹章则多为菱形。纹章学最严格的规则在于用色。颜色分为两类，一类为金属色，包括金、银两色，一类为普通色，包括蓝、红、紫、黑、绿。纹章学用色的原则是：属同类颜色的，不可以毗邻。譬如金色不可跟银色毗邻，红色不可跟紫色毗邻。这条规则的原意显然是为了形成深浅对比，使纹章看起来鲜明易辨。现代的国旗也大多遵从这条规则。

◆ 考古学中的洛阳铲

洛阳铲，又名探铲，是一种不可缺少的考古学工具，为一半圆柱形的铁铲。洛阳铲的一段有柄，可以接长的白蜡杆，使用时垂直向下戳击地面，利用半圆柱形的铲可以将地下的泥土带出，并逐渐挖出一

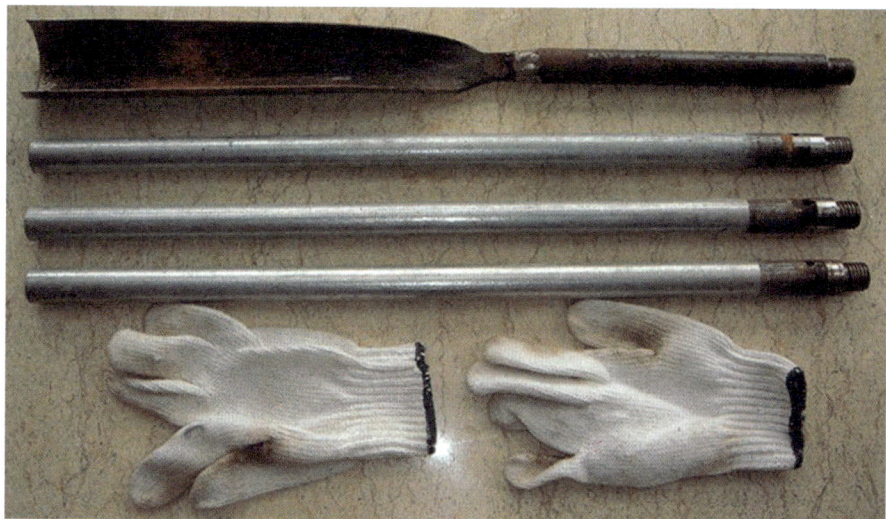

洛阳铲

个直径约十几厘米的深井，以用来探测地下土层的土质，了解地下有无古代墓葬。洛阳铲的主要用途是可以将地下的土层没有改变的部分提出样本，从土色上看出老土、活土、土层年代以及结构，进而来判断地下情况。在考古发掘时，洛阳铲勘测效果要好于一些电气化的勘查设备。

洛阳铲是中国考古钻探工具的象征。洛阳铲传说为我国河南洛阳附近农村的盗墓者李鸭子于20世纪初发明，并为后人逐渐改进。最早广泛用于盗墓，后成为考古学工具。著名的考古学家卫聚贤在1928年目睹盗墓者使用洛阳铲的情景后，便运用洛阳铲于考古钻探。在中国著名的殷墟、偃师商城等古城址的发掘过程中，洛阳铲发挥了重要作用。如今，学会使用洛阳铲来辨别土质，是每个考古工作者的基本功。

常见的洛阳铲呈半圆筒形，长20至40厘米，直径5至20厘米，

装上富有韧性的木杆后，可打入地下十几米。通过对铲头带出的土壤结构、颜色和包含物的辨别，可以判断出土质以及地下有无古墓等情况。洛阳铲的制作工序有20多道，最关键的是成型时的打造弧度，需要细心敲打，稍有不慎，打出的铲子就带不上土。这种铲子只有洛阳附近的五家探铲厂生产，而且至今只能手工制造。目前，洛阳铲已不再是考古界的专有工具，在建筑、公路、铁路、矿山等领域都发挥着重要作用，特别是在地基灌桩和地质勘探等方面，洛阳铲已是必不可少的工具。

第二章

伟大的中华考古发现

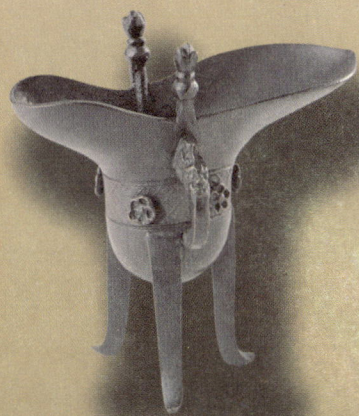

挖出来的"古代文明"

　　伟大的中华民族走过了5000年的文明历程，在古老的中华大地上，勤劳、勇敢、智慧的各族人民开拓了幅员辽阔的国土，共同缔造了统一的多民族国家，共同发展了悠久灿烂的中华文化。中国是亚非大河流域的四大文明古国之一，有悠久的历史。五千年前，中华农耕文明的始祖后稷在渭河流域开创了农业生产。在先秦时代，中国就有了周文王、周公旦、老子、墨子、孔子等伟大思想家，产生了《易经》《道德经》《诗经》《春秋》《论语》等古典名著。夏、商时期，是华夏民族的形成时期；而集华夏制度文化和精神文化之大成的"周礼"的形成，是华夏民族最终形成的标志。

　　在历史的长河中，人类历经了不少风风雨雨，经过千百年来的演变发展，在历史长河中留下了不少见证人类走过的每一段辉煌与衰败的历史。本章我们就以中华考古为题来分别介绍一下诸如周口店猿人遗址、仰韶文化、屈家岭遗址、龙山文化、高昌古城、二里头遗址、大汶口文化、妇好墓、河姆渡遗址、半坡遗址、楼兰古国、三星堆遗址、商都殷墟、秦始皇兵马俑、戈登遗址等考古成就，从而帮助我们更加清晰的解读人类的历史变迁。

黄河流域文化研究

◆黄河中游的仰韶文化

仰韶文化是黄河中游地区重要的新石器时代文化，距今约5000~7000年，是我国新石器时代彩陶最丰盛繁华的时期。仰韶文化区位于黄河中游地区，遍及河南、山西、陕西、甘肃、河北、宁夏等地；以河南西部、陕西渭河流域、山西西南的狭长地带为中心，东至河北中部，南达汉水中上游，西及甘肃洮河流域，北抵内蒙古河套地区。仰韶文化于1921年在河南三门峡市渑池县仰韶村发现。仰韶文化已发掘出近百处文化遗址，出土文物反映出较为同一的文化特征。由于时间跨度与分布地域的不同，仰韶文化主要有半坡类型、庙底沟类型，以及西王村三大类型。

仰韶文化的选址一般在河流两岸经长期侵蚀而形成的阶地上，或在两河汇流处较高而平坦的地方，

新石器时代彩陶瓶

35

这里土地肥美，有利于农业、畜牧，取水和交通也很方便。如临潼姜寨的村落遗址，约有一百多座房屋，分为五组围成一圈，四周有濠沟环绕，反映出当时有较严密的氏族公社制度。仰韶文化属于母系氏族公社制繁荣时期的文化。早期盛行集体合葬和同性合葬，几百人埋

新石器时代彩陶壶

在一个公共墓地，排列有序。各墓规模和随葬品差别很小，女子随葬品略多于男子。

仰韶文化的生产工具以较发达的磨制石器为主，常见的有刀、斧、锛、凿、箭头、纺织用的石纺轮等。骨器也相当精致。有较发达的农业，作物有栗和黍；饲养家畜主要是猪、狗；也从事狩猎、捕鱼和采集。仰韶文化的制陶工艺相当成熟，器物规整精美，多为细泥红陶和夹砂红陶，灰陶与黑陶较为少见，其装饰以彩绘为主，于器物上绘精美彩色花纹，反映当时人们生活的部分内容及艺术创作的聪明才智。另外还有磨光、拍印、等装饰手法。造型的种类有杯、钵、碗、盆、罐、瓮、盂、瓶、甑、釜、灶、鼎、器盖和器座等，最为突出的是双耳尖底瓶，线条流畅、匀称，极具艺术美感。仰韶文化的各种水器、甑、灶、鼎、碗、杯、盆、罐、瓮等日用陶器以细泥红陶和夹砂红褐

陶为主，主要呈红色，多用手制法，用泥条盘成器形，然后将器壁拍平制造。红陶器上常有彩绘的几何形图案或动物形花纹，是仰韶文化的最明显特征，因而也称"彩陶文化"。

考古知识小花絮

彩陶文化

　　原始陶器是使用粘土作原料，用手盘筑捏制或用轮制而成陶坯，然后用火烧成的器皿。彩陶是在打磨光滑的橙红色陶坯上，以天然矿物质原料彩绘，然后入窑烧制，烧制成型的彩陶呈现出赭红、黑、白诸种颜色图案，这样的陶器就叫彩陶。在公元前5000年的西安半坡村的仰韶文化遗址中，发现了很多精美的彩陶。彩陶的器型基本上都是日常生活用品，常见的有盆、瓶、罐、瓮、釜、鼎等。彩陶艺术的成就在很大程度上奠定了中国艺术的审美基础。

　　我国彩陶文化主要有三大类型：（1）半坡类型的彩陶，以西安半坡、临时漳姜寨、宝鸡北首岭等遗址出土的为代表。陶器通常为圈底式平底钵、平底盆、彭腹罐、细颈瓶等。花纹绘在口沿、器肩、上腹等醒目位置，或绘在敞口盆的内壁。花纹图案除有宽带三角、斜线、波折等几何纹样外，还有大量的动物图案。（2）庙底沟类型的彩陶，以河南陕县庙底沟及陕西华县泉护村遗址出土的为代表。彩绘多施于大口小底曲腹盆外壁的彩陶文化上半部，风格轻盈挺秀，纹样多用弧线描绘，

除了鸟、鱼、蛙等动物图形外，最流形的纹饰手法是以圆点、弧边三角、垂幛、豆荚、花瓣、花蕾等构成图案，植物纹显著增加。（3）马家窑类型的彩陶，多瓮、瓶、盆罐等器型，装饰面积大，纹样以旋涡纹、波浪纹、弧边三角纹居多，构图繁密，回旋多变。

庙底沟类型的彩陶

◆黄河中下游的龙山文化

龙山文化泛指黄河中下游地区约相当新石器时代晚期的一类文化遗存，属于铜石并用时代的文化。龙山文化因发现于山东章丘龙山镇而得名，距今约4350～3950年，主要分布于黄河中下游的山东、河南、山西、陕西等省。大部分龙山文化遗址，分布在山东半岛；而陕西、山西、河南、河北、辽东半岛、江苏、湖北等地区，也

有类似遗址的发现。这个文化以许多薄、硬、光、黑的陶器，尤其是蛋壳黑陶最具特色，所以也叫它"黑陶文化"。

自龙山遗址发现以来，考古学家分别在河南、陕西、山西、湖北等地发现了这一时期的文化遗存。但因其文化面貌不尽相同，所以又分别命名为河南龙山文化、陕西龙

山文化、湖北石家河文化、山西陶寺类型龙山文化，通称为龙山时代文化。这一时期文化的最显著的特征便是城址的发现。如在山东地区，除城子崖龙山城址之外，还有寿光边线王城址，阳谷、东阿、茌平三县发现的八座城址，临淄田旺村城址等。在河南则发现有淮阳平粮台城址、登封王城岗城址、郾城郝家台城址、辉县孟庄城址等。

1928年春天，考古学家吴金鼎在山东章丘县龙山镇发现了举世闻名的城子崖遗址。他在城子崖台地的西面断层上，发掘出了与石器、骨器共存的薄胎而带黑色光泽的陶片。这引起了当时的中央研究院历史语言研究所考古组专家的高度重视。此后，考古学家先后对城子崖遗址进行多次发掘，取得了一批以精美的磨光黑陶为显着特征的文化

城子崖遗址博物馆

遗存。根据这些发现，考古学家于是把这种以黑陶为主要特征的文化遗存命名为"龙山文化"。

龙山文化处于中国新石器时代晚期，这个时期陕西地区的农业和畜牧业较仰韶文化有了很大的发展，生产工具的数量及种类均大为增长，快轮制陶技术比较普遍，大大提高了生产效率。同时，占卜等巫术活动亦较为盛行。

龙山文化除陶器外，还有大量的石器、骨器和蚌器等。人们以农业为主而兼营狩猎、打鱼、蓄养牲畜；已有骨卜的习惯，占卜等巫术活动亦较为盛行；而且可能已经出现了铜器。历史上夏、商、周的文化渊源，都可能与龙山文化有相当的联系。另外，大汶口文化出现的快轮制陶技术在这一时期得到普遍采用，磨光黑陶数量更多，质量更精，烧出了薄如蛋壳的器物，表面光亮如漆，是中国制陶史上的鼎峰时期。从社会形态看，当时已经进入了父权制社会，私有财产已经出现，开始跨入阶级社会门槛。

考古知识小花絮

儒学十三经与中国的文字生肖

儒家经典主要有儒学十三经，即《诗经》《尚书》《周礼》《仪礼》《礼记》《周易》《左传》《公羊传》《谷梁传》《论语》《尔雅》《孝经》《孟子》。儒家本有六经，即：《诗经》《尚书》《仪礼》《乐经》《周易》《春秋》。秦始皇"焚书坑儒"后，《乐经》失传。东汉在此基础上加上《论语》《孝经》，共七经；唐时加上《周礼》《礼记》《春秋公羊传》《春秋穀梁传》《尔雅》，共十二经；宋代时加《孟子》，从而就有了宋刻《十三经注疏》传世。

明朝时依据程朱为代表的理学思想编成了《五经大全》《四书大全》《性理大全》，成为举考试的基本教材。一般说来，《易》《诗》《书》《礼》《春秋》谓之"经"，《左传》《公羊传》《谷梁传》属于《春秋经》之"传"，《礼记》《孝经》《论语》《孟子》均为"记"，《尔雅》则是汉代经师的训诂之作。后来的《四书》指是指《大学》《中庸》《论语》《孟子》，五经则指《周易》《尚书》《诗经》《礼记》《春秋》。

中国文字的演变过程是：甲骨文 → 金文 → 大篆 → 小篆 → 隶书 → 行书 → 楷书。中国古代的四大发明是火药、造纸术、印刷术、指南针，这是古代中国为世界做出的巨大贡献。中国的生肖作为一种古老的民俗文化，经过多次改变，最后形成"鼠、牛、虎、兔、龙、蛇、马、羊、猴、鸡、狗、猪"的顺序。至今，生肖图腾还影响着中国人的生活。

◆黄河下游的大汶口文化

大汶口文化是中国黄河下游地区的新石器文化，因发现于山东泰安大汶口遗址而得名。大汶口文化的年代大约在公元前4040～前2240年，延续时间约2000年左右。大汶口文化主要分布在山东省及江苏省淮北地区，包括北辛文化和龙山文化。主要分布区是山东、苏北、皖北和豫东的汶河、泗河、沂河、淄河、淮河下游的广大地区。大汶口文化是新石器时代中期具有代表性的一种文化。已发掘的典型遗址有泰安大汶口、滕州岗上、曲阜西夏

侯、邹城野店、兖州王因、邳县刘林、大墩子、诸城呈子、日照东海峪和胶州三里河等遗址。

大汶口文化于1959年首次发现，进行发掘，考定为新石器时代

陶、红陶、白陶、灰陶、黑陶几种，特别是彩陶器皿，花纹精细匀称，几何形图案规整。生产工具有磨制精致的石斧、石锛、石凿和磨制骨器，而骨针磨制精细，几乎可

胶州三里河遗址

晚期遗存。考古学界即将大汶口遗址及其相类同的文化遗存命名为大汶口文化。其后，于1974、1977、1978年，又先后进行多次发掘。遗址内涵丰富，有墓葬、房址、窖坑等。出土生活用具主要有鼎、豆、壶、罐、钵、盘、杯等器皿，分彩

与今天的针媲美。墓葬以仰卧伸直葬为主，有普遍随葬獐牙的风习，有的还随葬猪头、猪骨。

根据地层叠压关系和遗物特征，大汶口文化分为早、中、晚三期。大汶口文化有泥质、加砂陶，早期以红陶为主，晚期灰、黑比例

上升，并出现白陶、蛋壳陶。
大汶口文化的陶器以手制为
主，晚期发展为轮制陶器，烧
成温度900℃～1000℃。器型
有鼎、鬶、盉、豆、尊、单耳
杯、觚形杯、高领罐、背水壶
等。许多陶器表面膜光，纹饰
有划纹、弦纹、篮纹、圆圈
纹、三角印纹、镂孔等。彩陶
较少但富有特色，彩色有红、
黑、白三种，纹样有圈点、几
何、花叶等。总之，大汶口文
化的发现，为山东地区的龙
山文化找到了渊源，也为研究黄淮
流域及山东、江浙沿海地区原始文

鬶

化，提供了重要线索。

考古知识小花絮

新石器时代

新石器时代在考古学上是石器时代的最后一个阶段，是以使用磨制
石器为标志的人类物质文化发展阶段。这一名称是英国考古学家卢伯

克于1865年首先提出的。这个时代在地质年代上已进入全新世，属于石器时代的后期。年代大约从1.8万年前开始，结束时间从距今5000多年至2000多年不等。新石器时代有三个基本特征：开始制造和使用磨制石器；发明了陶器；出现了农业和养畜业。中国大约在前1万年就已进入新石器时代。

由于地域辽阔，各地自然地理环境很不相同，中国新石器文化的面貌有很大区别，大致分为三大经济文化区：一是旱地农业经济文化区。包括黄河中下游、辽河和海河流域等地，是粟、黍等旱作农业起源地，饲养猪、狗、牛、羊。有河姆渡遗址，半坡遗址和大汶口遗址等。二是水田农业经济文化区。主要为长江中下游。渔猎采集经济占重要地位，很早就种植水稻，是稻作农业的重要起源地。饲养猪、狗、水牛和羊。三是狩猎采集经济文化区。包括长城以北的东北大部、内蒙古及新疆和青藏高原等地。基本上没有农业，细石器特别发达而很少磨制石器，陶器不发达。

华北地区考古遗址

◆北京周口店猿人遗址

周口店猿人遗址位于北京房山区周口店龙骨山北京人遗址，距北京城约50千米。考古学家在周口店猿人遗址发现了距今约60万年前的一个完整的猿人头盖骨，定名为北京猿人。以后陆续在龙骨山上发现一些猿人使用的石器和用火遗址。这一发现和研究，奠定了这一遗址在全世界古人类学研究中特殊的、不可替代的地位。1929年，古生物学家裴文中在此发现原始人类牙齿、骨骼和一块完整的头盖骨；并找到了"北京人"生活、狩猎及使用火的遗迹，证实了50万年以前北京地区已有人类活动。北京人属石器时代，加工石器的方法主要为锤击法，其次为砸击法，偶见砧击法。北京人还是最早使用火的古人类，并能捕猎大型动物。

1921年首先发现和挖掘的"北京人"久居之处，现在叫周口店第一地点，俗称猿人洞。该洞经过多次发掘，不但发现了69万年前的北京猿人骨骸化石和他们制造的石器、骨器及用火的遗迹，同时还发现了和猿人同时期的大量动物化石，被公认为是旧石器时代初期人类化石与文化遗址保存最丰富的宝库。在这里，北京猿人化石共出土头盖骨6具、头骨碎片12件、下颌骨15件、牙齿157枚及断裂的股骨、胫骨等，分属40多个男女老幼个体；发现10万件石器材料及用火的灰烬遗址和烧石、烧骨等。通过对这些考古资料的研究，证明北京猿人距今约69万年，其创造出颇具特色的旧石器文化，对华北地区旧石器文化的发展产生深远的影响。

北京猿人的发现，还将用火的历史提早了几十万年，他们居住过的洞穴里留下了很厚的灰烬堆。北京猿人用火灰烬层

周口店猿人遗址

的发现比欧洲尼安德特人的用火历史，起码要提前10万年以上，这是一个了不起的发现。洞中有多具古人遗骸及他们用过的"骨针""项链"等，表现他们会缝制兽衣御寒及制作简单的手工艺品了。而"新洞人"的牙齿比猿人短，说明是因多吃熟肉的缘故，形象已接近现代人了。周口店猿人化石及其大量珍贵文物的发现，为研究人类的起源与发展，提供了极其宝贵的科学依据，打破了当时流行的"热带才是人类故乡"的说法。周口店猿人遗址被联合国教科文组织列入世界文化遗产清单。

北京周口店猿人遗址，还包括山顶洞人文化遗址、"新洞人"遗址。其中，山顶洞人文化遗址，是1930年为寻找猿人洞穴的边界而发现的。1933年和1934年进行了发掘。山顶洞在北京猿人洞穴上方靠近山顶的地方，洞口高4米，下宽约

5米。洞内分上下室，上室指洞南部的东半部，下室为洞的西半部。山顶洞人生活在距今5万年前。在洞中发现了三具完整的头盖骨化石以及其他人体部位的多件化石，是迄今为止我国旧石器时代晚期遗址人类化石最多的。

1973年在猿人洞南100米处的周口店第四地点，还发现了介于"北京人"和"山顶洞人"之间，距今约10万年前的"新洞人"遗址。洞内发现了一颗牙齿、石器和大量动物化石，表明北京人的延续和发展。此外还在多处地点发现了其它脊椎动物化石，它们构成了一个天然的人类史、生物史博物馆。从1929年起到目前为止，北京周口店猿人遗址已编到第25个地点，多数在周口店附近。北京周口店猿人遗址是世界上迄今为止人类化石材料最丰富、最生动、植物化石门类最齐全而又研究最深入的古人类遗址。

西南地区考古遗址

◆云南的戈登遗址

　　云南戈登遗址，位于维西县城东北90千米的塔塔乡戈登村西约500米的腊普河东岸崖下，距离河面约50米。戈登遗址于1958年发现，由云南省博物馆考古队清理发掘。戈登遗址为新石器时期遗址，填补了云南迪庆州新石器时代文化的空白，证明迪庆州境内在新石器时期就有人类繁衍生息。戈登遗址上限

石　锄

挖出来的 "古代文明"

不早于西藏昌都卡若遗址年代（距今4000～5000年），下限不晚于宾川白洋淀遗址（距今3000～3500年）。戈登新石器遗址的发现不仅把迪庆州人类发展的历史推进了近千年，还对深入研究西南三江（即金沙江、澜沧江、怒江）流域的新石器文化及其与北部诸省的新石器文化间的联系有重要作用，为西南地区历史上的民族迁徙、原始社会状况研究提供了重要的实物依据。

云南戈登遗址中出土的文物共有60件，其中能辨认器型的有石器29件、陶器5件、骨器2件。石器均为天然砾石磨制而成，多通体磨光，个别仅磨刃口，形体多变。器型主要有通体磨光石斧、长方单孔磨光石刀、石箭镞、石针、石锛、石凿、石锥、石锄、石球、团形穿孔石饰品等，以长条圆柱形石斧、长条单孔石刀为典型器。陶器多为夹砂灰陶，器型以罐为主，附有穿孔陶片和夹砂红色陶网坠。大至耳罐为陶器中的典型器。出土的陶器多有纹布，呈现绳纹、划划纹、素面纹等。出土的骨器仅有骨管和骨凿各1件。如今，戈登遗址出土的文物收藏于在云南迪庆州博物馆。

考古知识小花絮

新石器时代的特点

新石器时代，在考古学上是石器时代的最后一个阶段。以使用磨制石器为标志的人类物质文化发展阶段。这一名称是英国考古学家卢伯克于1865年首先提出的。这个时代在地质年代上已进入全新世，继旧石器时代之后，或经过中石器时代的过渡而发展起来，属于石器时代的后期。年代大约从1.8万年前开始，结束时间从距今5000多年至2000多年不等。

新石器时代的石制工具

一般认为新石器时代有3个基本特征：

（1）开始制造和使用磨制石器。

（2）发明了陶器。

（3）出现了农业和养畜业。

有的学者特别强调农业起源的意义，认为它才是新石器时代的主要特征，或者说是新石器时代革命的主要内容。世界各地这一时代的发展道路很不相同。有的地方在农业产生后的很长一段时期里没有陶器，因而被称为前陶新石器时代或无陶新石器时代；有的地方在1万多年以前就已出现陶器，却迟迟没有农业的痕迹，甚至磨制石器也很不发达。所以并不是3个特征齐备才能称新石器时代。

由于各地新石器时代的情况很不一致，所以没有统一的分期标准。有的地方分早晚两期，有的分早中晚3期。有的在晚期出现少量铜器但还不会有意识地制造青铜合金时，单独列出一个铜石并用时代，作为从新石器时代到青铜器时代的过渡期；有的则把这个阶段归入新石器时代晚期。

◆四川三星堆遗址

三星堆因有三座突兀在成都平原上的黄土堆，因此而得名。1929年春，当地农民燕道诚在宅旁

三星堆遗址博物馆

挖水沟时，发现了一坑精美的古代玉器，由此拉开三星堆文明的研究序幕。1986年，三星堆两个商代大型祭祀坑的发现，上千件稀世之宝赫然显世，轰动了世界，被誉为世界"第九大奇迹"。三星堆遗址位于四川广汉南兴镇，是西南地区的青铜时代遗址，1980年起发掘。遗址建造年代至迟为商代早期。三星堆遗址已清理出房屋基址、灰坑、墓葬、祭祀坑等。房基有圆形、方形、长方形三种，多为地面木构建筑。祭祀坑内大多埋放玉石器和青铜器。1986年发现的两座大型祭祀坑，出土有大量青铜器、玉石器、象牙、贝、陶器和金器等。青铜器除罍、尊、盘、戈外，还有大小人头像、立人像、爬龙柱形器和铜鸟、铜鹿等。其中，青铜人头像形象夸张；立人像连座高2.62米，大眼直鼻，方颐大耳，戴冠，穿左衽长袍，佩脚镯。

三星堆遗址是一个总面积超过12千米的大型遗址群，包括大型城址、大面积居住区和两个器物坑等重要文化遗迹，位于成都平原北部之沱江冲积扇上。三星堆遗址的年代从新石器时代晚期延续到商末周初，距今4800～2800年。三星堆遗址出土了世界上最大的青铜立人像，身高1.7左右，连座通高2.62米，重180千克，被尊称为"世界铜像之王"，誉为"东方巨人"。在三星堆遗址中也出土了少量作为战利品的商朝贵族使用的兵器、权杖和刻有商朝文字的器物。三星堆文明上承古蜀宝墩文化，下启金沙文化、古巴国，前后历时约2000年，是我国长江流域早期文明的代表，也是迄今为止我国历史中已知的最早的文明。

三星堆出土的大量青铜器中，基本上没有生活用品，绝大多数是祭祀用品。这些祭祀用品带有不同

三星堆出土的龙虎尊

地域的文化特点，特别是青铜雕像、金杖等，与世界上著名的玛雅文化、古埃及文化非常接近。在三星堆祭祀坑出土的上千件青铜器、金器、玉石器中，最具特色的首推三四百件青铜器。其中，一号坑出土青铜器的种类有人头像、人面像、人面具、跪坐人像、龙形饰、龙柱形器、虎形器、戈、环、戚形

方孔璧、龙虎尊、羊尊、瓿、器盖、盘等。二号坑出土的青铜器有大型青铜立人像、跪坐人像、人头像、人面具、兽面具、兽面、神坛、神树、太阳形器、眼形器、眼泡、铜铃、铜挂饰、铜戈、铜戚形方孔璧、鸟、蛇、鸡、怪兽、水牛头、鹿、鲶鱼等。

器形高大、造型生动、结构复杂是三星堆青铜器重要特点。三星堆青铜器以大量的人物、禽、兽、虫蛇、植物造型为其特征。青铜的人头像、人面像和人面具代表被祭祀的祖先神灵；青铜的立人像和跪坐人像则代表祭祀祈祷者和主持祭祀的人；眼睛向前凸出的青铜兽面具和扁平的青铜兽面等可能是蜀人崇拜的自然神祇；以仿植物为造型特点的青铜神树，则反映了蜀人植物崇拜的宗教意识。以祖先崇拜和动、植物等自然神灵崇拜为主体的宗教观念，这是早期蜀人最主要的精神世界。

三星堆出土的大量青铜器中，尤其注重塑造眼睛。那么古蜀人为什么如此重视刻画眼睛？铜面具眼睛瞳孔部分为什么要作圆柱状呢？依据《华阳国志》记载："蜀侯蚕丛，其目纵，始称王"，其墓葬称为"纵目人冢"。据学者研究，所谓"纵目"，即是指这种铜面具眼睛上凸起的圆柱，三星堆出土的突目铜面具等，正是古代蜀王蚕丛的神像。蜀王蚕丛原居住于四川西北岷山上游的汶山郡。这地方严重缺碘、甲亢病流行。甲亢病患者的一个重要特征，就是眼睛凸出。因此，蜀王蚕丛很可能是一个严重的甲亢病患者，生前眼睛格外凸出。而他的后人在塑造蚕丛神像时，抓住了这一特点并进一步"神化"，这就是蜀王蚕丛神像被刻画成"纵目"的原因。

考古知识小花絮

中国的世界遗产

中国共拥有三十七项世界遗产，居世界第三位。世界自然遗产有九寨沟、武陵源、黄龙风景名胜区、云南三江并流保护区、三清山、喀斯特、大熊猫栖息地；世界文化遗产有长城、秦始皇陵兵马俑、敦煌莫高窟、平遥古城、皖南古村落（西递、宏村）、承德避暑山庄、云冈石窟、大足石刻、明清皇家宫殿、苏州古典园林、青城山与都江堰、曲阜孔庙孔林孔府、龙门石窟、河南安阳殷墟、明清皇家陵寝、天坛、颐和园、丽江古城、周口店北京人遗址、武当山古建筑群、拉萨布达拉宫、

平遥古城

挖出来的 "古代文明"

高句丽王城王陵及贵族墓葬、澳门历史城区、庐山、开平碉楼与村落、福建土楼、五台山；世界文化与自然双遗产有泰山、黄山、峨眉山、乐山大佛、武夷山；人类口述遗产和非物质遗产有昆曲、古琴艺术、新疆木卡姆舞，以及和蒙古国共同申报的蒙古长调艺术。

◆西域的楼兰古国

楼兰是汉代西域一个强悍的部族，他们居住在新疆塔克拉玛干大沙漠的东部，罗布泊的西北缘。楼兰人的首都就是著名的楼兰古城。据记载，那时的楼兰国政通人和，经济繁荣，物产丰富，是"丝绸之路"上的一个繁华之邦。公元前108年，楼兰国臣服了汉朝，年年岁岁进贡来朝，以后几降几反，成为当时汉朝的心腹之患。中国史籍中最早关于楼兰王国的具体记载，见于《史记·大宛列传》。根据记载，楼兰是一个西域小国，建国于

楼兰古国遗址

盐泽边上，有城郭，然而"兵弱易去"。这里的"盐泽"，指的是罗布泊。

汉代史学家班固撰写《汉书》时，楼兰王国有1570户人家，共14100口人，国都名"打泥"。《汉书》进一步介绍了楼兰：地沙卤少田，寄田仰谷分国。国出玉，多葭苇、枝柳、胡桐、白草。民随畜逐水草。有驴马，多骆驼。能作兵，与婼羌同。汉昭帝时，楼兰改国名为鄯善，并请求朝廷驻军伊循。昭帝便在伊循城置都尉，行屯田。从此楼兰便成为中央政府控制西域的战略支点。东汉时，楼兰在丝绸之路上依然占据着重要的位置。东汉政府在楼兰大规模屯田，开发楼兰。此后直至魏晋，楼兰一直是内地通往西域的重要交通枢纽。再后来，楼兰便很少见于史载，神秘消失了。

1900年3月，瑞典探险家斯文·赫定沿塔里木河向东，到达孔雀河下游，想寻找行踪不定的罗布泊。3月27日，探险队到达了一个土岗。这时，糟糕的事情发生了，斯文·赫定发现他们带来的水泄漏了许多。在干旱的沙漠中，没有水就等于死亡。他们于是去寻找水源，令人难以置信的一幕发生了，一座古城出现在他们的眼前：有城墙，有街道，有房屋，甚至还有烽火台。斯文·赫定在这里发掘了大量文物，包括钱币、丝织品、粮食、陶器、36张写有汉字的纸片、120片竹简和几支毛笔。斯文·赫定回国后，把文物交给德国的希姆莱鉴定。经鉴定，这座古城是赫赫有名的古国楼兰。随后，许多国家的探险队随之而来。经历史学家和文物学家的努力，楼兰古国神秘的面纱被撩开了一角。

楼兰古国位于今新疆巴音郭楞蒙古自治州若羌县罗布泊西岸，是新疆最荒凉的地区之一。这里悠久的历史、天方夜谭似的传说故事令

挖出来的 "古代文明"

罗布泊

人神往。1979年1月，我国已故科学家彭加木就曾从孔雀河北岸出发，徒步穿过荒漠到达楼兰遗址考察。楼兰古国的考古发掘主要有：（1）楼兰古城遗址。主要有：官衙，是并排的三间房子，是楼兰城中两座土坯建筑之一，是城中规格最高的建筑。斯文·赫定在三间房的墙角下发掘出大量珍贵的文书。后来，日本的橘瑞超、英国的斯坦英都曾在这里大肆挖掘，并将文物偷运出国；民居，由红柳、芦苇搭建而成；佛塔，大约10米高的佛塔，是楼兰城中最高的建筑。（2）海头古城。1988年在楼兰古城西南找到了"海头"古城，填补了罗布泊地区考古的空白。海头古城在楼兰古城西南48.3千米处，是魏晋南北朝时期罗布泊地区仅次于楼兰的第二大城。南北城墙长107米，东西城墙长约190米，总面积约2万平方米。（3）米兰遗址。主要包括米兰城郭、两座佛寺及墓地。米兰属古楼兰国的地域，汉代曾在这里屯田，有人认为这里是楼兰国迁都后的新国都。这里曾发现过"印度文化特征的绝妙壁画"——带翼天使，以及公元 8 至 9 世纪的吐蕃藏文木牍；这里是佛教东传由新疆进入内地的重要地域。（4）"太阳墓"。

面用一尺多高的木桩围成7个圆圈，并组成若干条射线，呈太阳放射光芒状。太阳墓已有3800年之久。太阳墓出土了距今3800年，为印欧人种的"楼兰美女"。

著名的"楼兰美女"出土于1980年。当时，考古学家在罗布泊铁板河发现一具保存完好的女性古

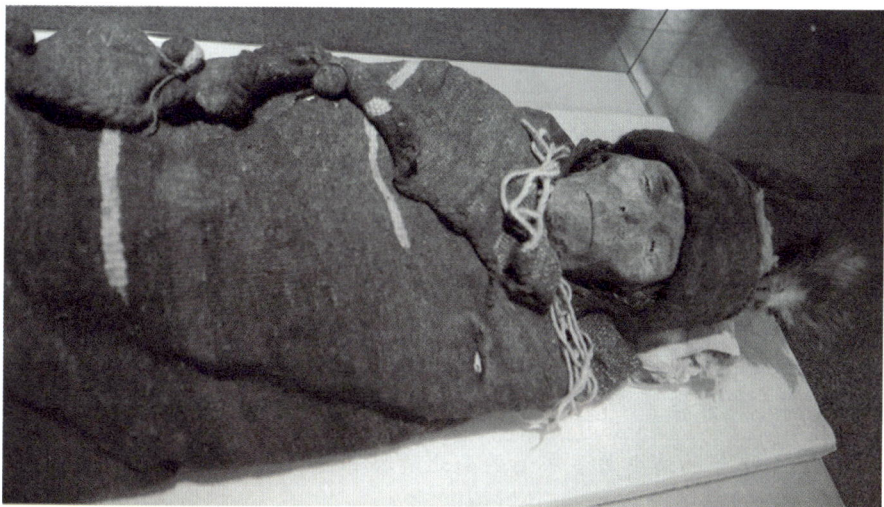

楼兰美女干尸

位于孔雀河古河道北岸，是1979年冬被考古学家侯灿、王炳华等所发现，古墓有数十座，每座都是中间用一圆形木桩围成的死者墓穴，外

尸，女性的皮肤为红褐色，还稍有弹性，面部轮廓非常明显，眼睛大而深、鼻梁高而窄、下巴尖而翘。她身上裹一块羊皮，毛织的毯子，

挖出来的"古代文明"

胸前毯边用削尖的树枝别住，下身裹一块羊皮，脚上穿一双翻皮毛制的鞋子，头上戴毡帽，帽上还插了两枝雁翎。由于这具女性古尸是在神秘的楼兰古城附近被发现的，所以取名为"楼兰美女"。"楼兰美女"是迄今为止新疆出土古尸年代最早的一具，距今约有4000年历史。而且眼大窝深、鼻梁高窄、下巴尖翘的"楼兰美女"，具有鲜明的欧罗巴人种特征。

考古知识小花絮

楼兰古国消失之谜

（1）楼兰消失于战争。公元五世纪后，楼兰王国开始衰弱，北方强国入侵，楼兰城破，后被遗弃。

（2）楼兰衰败于干旱、缺水，生态恶化。由于河水被截断后改道，人们不得不离开楼兰。

（3）楼兰的消失与罗布泊的南北游移有关。斯文·赫定认为，罗布泊南北游移的周期是1500年左右。3000多年前有一支欧洲人种部落生活在楼兰地区，1500多年前楼兰再次进入繁荣时代，这和罗布泊游移有直接关系。

（4）楼兰消失与丝绸之路北道的开辟有关。经哈密（伊吾）、吐鲁番的丝绸之路北道开通后，经过楼兰的丝绸之路沙漠古道被废弃，楼兰也随之失去了往日的光辉。

丝绸之路北道的必经之地——赛里木湖

（5）楼兰被瘟疫毁灭。一场从外地传来的瘟疫，夺去了楼兰城内十之八九居民的生命，侥幸存活的人纷纷逃离楼兰。

（6）楼兰被生物入侵打败。一种从两河流域传入的蝼蛄昆虫，在楼兰没有天敌，生活在土中，能以楼兰地区的白膏泥土为生，成群结队地进入居民屋中，人们无法消灭它们，只得弃城而去。

◆西域的高昌古城

高昌为西域古国，位于今新疆吐鲁番东南之哈喇和卓，是古时西域交通枢纽。公元5世纪中叶至7世纪中叶，吐鲁番盆地中曾先后出现四个独立王国，分别是阚氏高昌、张氏高昌、马氏高昌及麴氏高昌。北凉承平十八年（460年），柔然攻

挖出来的"古代文明"

高昌古城遗址

高昌，灭高昌北凉沮渠氏，立阚伯周为高昌王，为高昌建国之始。阚伯周死后，子义成继位。后阚义成兄阚首归弑义成篡位。不久阚首归被高车王阿伏至罗所杀。后来张孟明、马儒相继为王，被国人弑杀；高昌人推举马儒长史麴嘉为王，是为阚氏高昌、张氏高昌、马氏高昌、麴氏高昌四代政权，麴氏享国最久。麴嘉王时，恹挞伐焉耆，焉耆向高昌麴嘉王求救，麴嘉王派次

子为焉耆国王，高昌势力开始壮大。隋开皇中突厥曾破高昌城。贞观初（626年）高昌王麴文泰来朝。后来麴文泰与西突厥结盟，唐太宗派遣侯君集、薛万均等大将证讨。贞观十四年（640年），高昌为唐所灭，置高昌县，后设安西都护府统之。安史之乱时高昌被回鹘侵占。

高昌古城因其"地势高敞，人广昌盛"因而得名。高昌原意为"秦城"，即中国城。高昌故城坐

落在火焰山脚下，木头沟畔的哈拉和卓乡，西距吐鲁番市40千米。城墙高耸，全城平面略呈不规则的正方形，分为外城、内城和宫城三部分，总面积220万平方米。城垣保存较好，外城墙基厚12米，高11.5米，周长约5.4千米。城墙都由夯土筑成，间杂少量的土坯。据史书记载，高昌城当年城墙上共有12重大铁门，分别冠以"玄德""金福""金章""建阳""武城"等名号。城内的建筑布局与当时长安城相仿。全城人口达3万，僧侣3千。当年唐代高僧玄奘曾在此为高昌王讲经。汉唐以来，高昌是连接中原中亚、欧洲的枢纽。经贸活动十分活跃，世界各地的宗教先后经由高昌传入内地，是世界古代宗教最活跃最发达的地方，也是世界宗教文化荟萃的宝地之一。

高昌是和交河齐名的丝路名城。公元前1世纪，西汉大将李广利率领部队在此屯田，设立高昌壁；公元327年设高昌郡。公元450年，北凉残余势力灭了车师前国后，高昌城一跃而为吐鲁番盆地的政治、经济、文化中心。公元460年（和平元年）车师国亡，柔然立阚氏伯周为王，称其国为高昌国，掀开了高昌王国的序幕。640年唐朝统一高昌，在此设立西州，辖高昌、交河、柳州、天山、蒲昌五县。9世纪后成为回鹘高昌国的首府。1275年，蒙古游牧贵族都哇叛乱时率领12万骑兵围攻火州（高昌），长达半年，回鹘高昌王巴尔术阿而忒的斤英勇战死，高昌城毁于一旦。

高昌故城的内城居外城正中；西南两面城墙大部分保存完好。周长约3千米。宫城为长方形，居城北部，北宫墙即外城北墙，甫宫墙即内城北墙。这一带尚存多座3～4米高的土台，当时为回鹘高昌宫廷之所在。内城中偏北有一高台，上有高达15余米的土坯方塔，俗称"可汗堡"，意为王宫，稍西有一座地

挖出来的 "古代文明"

"可汗堡"

上地下双层建筑。外城内西南有一大型寺院，寺门东西长约130米，南北宽约85米，占地约 1 万平方米，由山门、庭院、讲经堂、藏经楼、大殿、僧房等组成。大殿内尚残存壁画痕迹。

高昌居民以汉族为主，主要为汉魏屯戍军民的后裔和逃避战乱的内地移民。少数族主要为昭武九姓和其他西域国家的侨民。汉族传统文化在高昌占统治地位。十六国时期，袄教已在高昌流行，佛教在高昌一直受到尊崇。道教也有一定的影响。高昌著名土产有赤盐、白盐、葡萄、冻酒、刺蜜、白面、叠布（棉布）及丝织品等多种。总之，高昌地处天山南北孔道，丝绸之路北路冲要，政治稳定，物产丰富，文化发达，成为汉唐间中西政治、经济、文化交流的重要枢纽。

62

考古知识小花絮

高昌古城的两个故事

（1）汗血马的故事。高昌的建国与汉血马有关，汉武帝是一个喜爱良马的皇帝，张骞通西域后，向汉武帝提及西域大宛国有宝马，出汗如血，于是汉武帝派人携重金去请求交换，但是大宛国王拒绝了汉武帝的请求，并劫掠了汉朝使者的财物。消息传到长安，汉武帝恼怒之极，命大将李广利率数万兵马，远征大宛。大军长途跋涉、穿越盐泽，在到达大宛之前粮草耗尽，大败而回，东归时只余下十分之一的人马。汉武帝听说李广利兵败而归，便下令不许汉军入关，进玉门关者斩首。李广利的军队于是在吐鲁番盆地建城屯垦，补充武器和粮草，所建城池就是高昌。

（2）唐玄奘高昌讲法。唐太宗年间，玄奘法师为去印度取经，到达吐鲁番时，被高昌国王挽留，国王为曲文泰，是高昌王朝的末代国王，他笃信佛法，为了挽留玄奘，曲文泰提出以弟子身份终身供养法师，但玄奘学经心切，执意不肯，国王无奈，只好同意法师去西天取经，但要求玄奘必须在此讲经一个月。每次玄奘讲经，曲文泰都亲自执香炉迎接法师入堂，并跪在地上，请玄奘踏着他的脊背坐上法座。

西北地区考古遗址

◆陕西半坡遗址

　　半坡遗址位于陕西西安市东郊灞桥区浐河东岸，是黄河流域一处典型的原始社会母系氏族公社村落遗址，属新石器时代仰韶文化，距今5600～6700年之间。该遗址1953年春发现，从1954年9月到1957年夏，中国科学院考古研究所前后发

半坡遗址博物馆

掘5次。共发现房屋遗迹45座、圈栏2处、窖穴200多处、陶窑6座、各类墓葬250座（其中成人墓葬174座、幼儿瓮棺73座），以及生产工具和生活用具约近万件文物。

半坡遗址分为居住、制陶、墓葬三个区，居住区是村落的主体。半坡人属于新石器时代，使用的工具主要是木制和石器。妇女是半坡人中主要的生产力，制陶、纺织、饲养家畜都由她们承担，男人则多从事渔猎。半坡聚落的范围为不规则圆形。居住区在中央，分南北两片，每片有一座供公共活动用的大房屋，还有若干小房子，其间分布着窖穴和牲畜圈栏。居住区有濠沟环绕，沟北是公共墓地，沟东有陶窑场。半坡居民的经济生活为农业和渔猎并重。出土斧、锄、铲、刀、磨盘、磨棒等石制农具，镞、矛、网坠、鱼钩等渔猎工具。还发现粟的遗存和蔬菜籽粒，以及家畜和野生动物骨骸。

半坡类型的房子发现46座，有圆形、方形和长方形，有的是半地穴式建筑，有的是地面建筑。每座房子在门道和居室之间都有泥土堆砌的门坎，房子中心有圆形或瓢形灶坑，周围有1～6个不等的柱洞。居住面和墙壁都用草拌泥涂抹，并经火烤以使坚固和防潮。圆形房子直径一般在4～6米，墙壁是用密集的小柱上编篱笆并涂以草拌泥作成。方形或长方形房子面积小的12～20平方米，中型的30～40平方米，最大的复原面积达160平方米。储藏东西的窖穴分布于各房子之间，形状多为口小底大圆袋状。家畜饲养圈栏两个均作长方形。

半坡遗址出土的生产工具分别用石、骨、角、蚌、陶制成，有斧、铲、锛、刀、石磨盘和磨棒、箭头、鱼钩、鱼叉等。生活用具主要是陶器。陶器以红色陶为主，还有红褐陶及少量灰陶，陶质有夹砂、泥质和细泥三种。陶器器形以

人面鱼纹陶盆

夹砂陶罐、泥质或细泥陶钵、盆和小口双耳尖底瓶为主组成一套日常生活用具。陶器表面多饰以绳纹、锥刺纹、弦纹、指甲纹和附加堆纹等，在细泥陶器上多饰以黑色彩画，图案主要有人面鱼、鹿、宽带、三角以及植物纹饰，有的还把人面和鱼有机地结合起来成为生动而富有特色的人面鱼纹。在钵口沿的宽带纹上发现有22种刻划符号，这可能是中国古代文字的渊源之一。半坡成人死后埋入公共墓地，常随葬陶器及骨珠等装饰品。死亡儿童埋在居住区，多采用瓮棺葬。

◆ 秦始皇兵马俑陪葬坑

秦始皇兵马俑是在1974年发现的，随后在这里建了一个规模宏大的博物馆，于1979年国庆节开放。举世罕见的秦兵马俑被认为是古代的奇迹，是当代最重要的考古发现之一。秦兵马俑以其巨大的规模、威武的场面和高超的科学、艺术水平，使观众们惊叹不已。兵马俑坑在秦始皇陵东侧约1.5千米，先后发现了一、二、三号三个坑。一号坑是当地农民打井时发现的，后经钻探先后发现二、三号坑。一号坑最大，东西长230米，宽612米，总面积达14 260平方米。在这个坑内埋有约6000个真人大小的陶俑，目前已清理出的有1000多个。

秦始皇兵马俑陪葬坑，是世界最大的地下军事博物馆。俑坑布局合理，结构奇特，在深5米左右的坑底，每隔3米架起一道东西向的承重墙，兵马俑排列在墙间空档的过洞中。秦陵内共有3个兵马俑坑，呈品字形排列。秦始皇一号俑坑，呈长方形，东西长230米，南北宽62米，深约5米，总面积14 260平方米，四面有斜坡门道。俑坑中最多的是武士俑，身高1.7米左右，最高的1.9米。陶马高1.5米左右，身长2米左右，战车与实用车的大小一样。人、马车和军阵是通过写实手法的艺术再现。秦俑大部分手执青铜兵器，有弓、弩、箭镞、铍、矛、戈、殳、剑、弯刀和钺。

秦始皇兵马俑像真人大小，全身呈古铜色，高1.8至1.97米，一个个威武雄壮，真是气象森严，令人望而生畏。还有如真马大小的陶马32匹。陶马4匹一组，拖着木质战车。兵马俑的排列是3列面向东的横队，每列有武士俑70个，共210个，似为军阵的前锋。后面紧接着是步兵与战车是的38路纵队，每路长约

秦始皇兵马俑陪葬坑

180米，似为军阵主体。左右两侧各有一列分虽为面南和面北的横队，每队约有武士俑180个，似是军阵的两翼。西端有一列面向西的武士俑，似为军阵的后卫。武士俑朋的身穿战袍，有的身披铠甲，手里拿的青铜兵器，都是实物。整个秦始皇兵马俑组织严密，队伍整肃，处于整装待发之势，再现了秦始皇当年为完成统一中国的大业而展现出的军功和军威。

兵马俑的塑造，是以现实生活为基础而创作的，艺术手法细腻、明快。陶俑装束、神态都不一样。光是发式就有许多种，手势也各不相同，脸部的表情更是神态各异。从它们的装束、表情和手势就可以判断出是官还是兵，是步兵还是骑兵。这里有长了胡子的久经沙场的老兵，也有初上战场的青年。秦俑的脸型、胖瘦、表情、眉毛、眼睛和年龄有差异。总之，陶俑具有鲜明的个性的强烈的时代特征。秦俑

彩绘主要有红、绿、蓝、黄、紫、褐、白、黑八种颜色。如果再加上深浅浓淡不同的颜色，如朱红、粉红、枣红色、中黄、粉紫、粉绿等，颜色不下十几种。化验表明这些颜色均为矿物质。红色由辰砂、铅丹、赭石制成，绿色为孔雀石，蓝色为蔚蓝铜矿，紫色为铅丹与蓝铜矿合成，褐色为褐铁矿，白色为铅白和高岭土，黑色为无定形炭。这些矿物质都是中国传统绘画的主要颜料。

兵马俑坑内出土的青铜兵器有剑、矛、戟、弯刀以及大量的弩机、箭头等。这些铜锡合金兵器经过铬化处理，虽然埋在埋土里两千多年，依然刃锋锐利，闪闪发光，表明当时已经有了很高的冶金技术。据《史记·秦始皇本纪》载："始皇初即位，穿治郦山；及并天下，天下徒送诣七十余万人，穿三泉，下铜而致椁，宫观百官、奇器珍怪，徙臧满之。"秦俑坑修建工

秦始皇兵马俑

程约始于公元前221年秦统一六国后，到前209年因陈胜、吴广起义而被迫停工，前后费时约10年。陶塑兵马俑是秦始皇在世时由全国各地征调来服徭役的大批匠师与刑徒所制作。总之，为数众多、造型精美的陶塑兵马俑布成面向东方、气势磅礴、威武雄壮，再现了秦军军容，是秦始皇"示强威、服海内"王霸思想的体现，再现了伟大的尚武的大秦帝国。

考古知识小花絮

秦始皇陵

秦始皇陵位于西安市临潼区城东约5千米，距西安市城区约37千米，

69

挖出来的"古代文明"

南倚骊山，北临渭水。地质学家根据卫星拍照发现，从骊山到华山正好像一条龙，秦始皇陵正好位于龙头眼睛的位置。秦始皇陵墓近似方形，顶部平坦，腰略呈阶梯形，高76米，东西长345米，南北宽350米，占地120 750平方米。陵园分内城和外城两部分。内城呈方形，周长3000米左右，北墙有2门，东、西、南3墙各有1门。外城呈矩形，周长6200余米，四角各有门址一处。内、外城之间有葬马坑、珍禽异兽坑、陶俑坑。陵外有马厩坑、人殉坑、刑徒坑、修陵人员墓葬400多个。陵墓地宫中心是安放秦始皇棺椁的地方。1974年以来，在陵园东发现从葬兵马俑坑三处，成品字形排列，面积共达20 000平方米以上，出土陶桶8000件、战车百乘以及数万件实物兵器等文物。1980年在陵园西侧出土青铜铸大型车马两乘。是迄今中国发现的体形最大、装饰最华丽、结构和系驾最逼真、最完整的古代铜车马，被誉为"青铜之冠"。秦始皇规模宏大的地宫位于封土堆顶台及其周围以下，距离地平面35米深，东西长170米，南北宽145米，主体和墓室均呈矩形状。墓室位于地宫中央，高15米。

秦始皇自13岁即位就开始为他在骊山修建陵墓，统一六国后，又从各地征发了十万多人继续修建，直到他50岁死去，共修了37年。据史书记载，秦始皇陵挖至泉水之下，然后用铜汁浇铸加固。墓宫中修建了宫殿楼阁和百官相见的位次，放满了奇珍异宝。为了防范盗窃，墓室内设有一触即发的暗箭。墓室弯顶上饰有宝石明珠，象征着天体星辰；下面是百川、五岳和九州的地理形势，用机械灌输了水银，象征江河大海川流不息，上面浮着金制的野鸡；墓室内点燃着用鲸油制成的长明灯。陵墓周围布置了巨型兵马俑阵。陵墓的设计，处处体现了这位始皇帝至高无上的权力和威严。公元前210年，秦始皇暴死于沙丘平台（今河北平乡）。死后2个月，尸体运回咸阳，举行丧葬仪式。入葬时，秦二世胡亥下令，将秦始皇的宫女一律殉葬，修造陵墓的工匠也一律殉葬墓中。

中原地区考古遗址

◆河南二里头遗址

二里头遗址位于河南偃师二里头村，于1959年发现，遗址距今大约3800~3500年，相当于中国历史上的夏、商时期，属探索夏朝文化的重要遗址。1960年考古学家在二里头遗址的上层发现了一处规模宏大的宫殿基址，为中国迄今发现的最早宫殿建筑基址。这一发现为研究中国历史早期国家的出现及其特点，提供了最原始的研究资料。二里头是迄今中国最早的王朝都城遗址，发现有迄今所知中国最早的大型宫殿建筑群、最早的宫城、最早的青铜礼器群及铸铜作坊，还发现了最早的车辙痕迹，将中国发明双轮车辆的年代前推了300多年。

二里头遗址共分四期，一、二期属石器、陶作坊、村落文化；三、四期属青铜和宫殿文化。学术界对二里头遗址有两种看法：一种认为二里头遗址一至四期都是夏朝文物，发现的宫城就是夏都；另一种认为一、二期是夏朝文物、三、四期是商朝文物，所以发现的宫城是商都。二里头考古工作取得了令人称赞的成绩。二里头遗址总面积400万平方米，堆积着四期文化层。经考古发现，二里头文化遗址规模宏大，设施完备，内容丰富。宫殿、陵寝、房屋、道路、水井多有发现，并且还发现了当时的铸铜遗址，发现了原始的青铜工具，其中有武器和酒器，说明我国青铜文

二里头遗址发现的器皿

化的历史在夏代已经相当成熟，同时也说明洛阳是我国最早进入青铜时代的地区。二里头晚期的文化层还出土了大量的玉制品，有琮、圭、璋等礼器，陶制品则更多，有陶塑的龟、猪、羊头以及陶器上刻划的一头二身龙蛇纹、龟纹和人物形象。

二里头墓葬均为土坑竖穴墓，多铺朱砂，有棺痕，出有铜器、玉器、漆器、白陶器、印纹釉陶器（或原始瓷）、绿松石器、成组蚌饰、海贝和大量陶器。二里头遗址宫城，是迄今可确认的我国最早的宫城遗迹。纵横交错的中心区道路网、方正规矩的宫城和具有中轴线规划的建筑基址群，表明二里头遗址是一处经缜密规划的、布局严整的大型都邑。它是迄今可以确认的最早的具有明确规划、且后世中国古代都城的营建规制与其一脉相承的都邑遗址，二里头遗址的布局开中国古代都城规划制度的先河。

◆河南商都殷墟遗址

殷墟古称"北蒙"，甲骨文卜辞中又称之为"大邑商""商邑"，为中国商代晚期（约公元前

1300～前1046年）的都城所在地，是中国历史上有文献可考、并为甲骨文和考古发掘所证实的最早的古代都城遗址。以殷墟为都城的商代晚期，开创了中国历史的新纪元。殷墟以独具风格、规模巨大、规划严饬的宫殿建筑和商王陵墓体现出恢弘的都城气派而卓绝一时；以制作

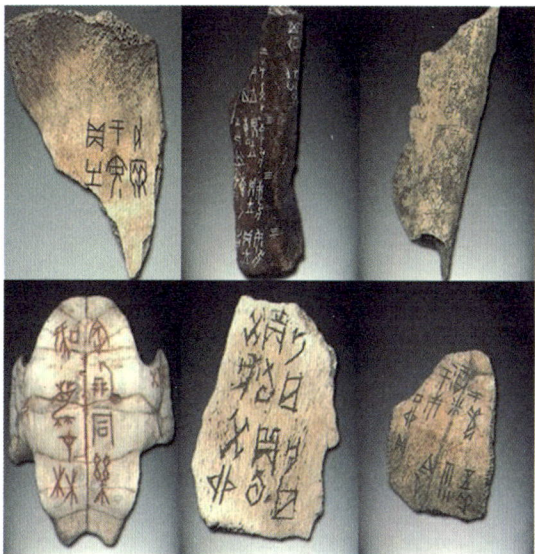

商都殷墟考古文物

精美、纹饰细腻、应用广泛的青铜器而闻名中外；以青铜冶铸、玉器制作、制车、制骨、陶器、原始瓷器烧造等高度发达的手工业而享誉世界；以造字方法成熟、表现内容丰富、传承有序的甲骨文而在世界文明史上独领风骚。

殷墟是中国第一个有文献记载并为甲骨文和考古发掘所证实的商代都城遗址，位于河南安阳市洹水两岸。从1928年考古发掘开始，在殷墟先后发现了110多座的商代宫殿宗庙建筑基址、12座王陵大墓、洹北商城遗址、2500多座祭祀坑和众多的族邑聚落遗址、家族墓地群、手工业作坊遗址、甲骨窖穴等，出土了数量惊人的甲骨文、青铜器、玉器、陶器、骨器等精美文物，全面展现出3300年前中国商代都城的风貌。

殷墟宫殿宗庙遗址位于安阳洹河南岸的小屯村、花园庄一带，是商王处理政务和居住的场所。自1928年以来，在这里先后发现宫殿

宗庙建筑基址80多座。这些宫殿宗庙建筑，以黄土、木料作为主要建筑材料，其建筑多坐落于厚实高大的夯土台基上，房基置柱础，房架多用木柱支撑，墙用夯土版筑，屋顶覆以茅草，造型庄重肃穆、质朴典雅，具有浓郁的中国宫殿建筑特色，代表了中国古代早期宫殿建筑的先进水平。殷墟甲骨文发现地穴主要分布在殷墟宫殿宗庙遗址。自19世纪末甲骨文发现以来，这里共出土甲骨约150 000片。最著名的有YH127甲骨窖穴、小屯南地甲骨窖穴、花园庄东地H3甲骨窖穴。

殷墟王陵遗址位于洹河北岸侯家庄西北冈、武官村北地的高地上，与宫殿宗庙遗址隔河相对，是商王的陵地和祭祀场所，也是中国目前已知最早的完整的王陵墓葬群，面积达113 000平方米。王陵遗址共发现有12座王陵大墓和2500多座祭祀坑。王陵大墓多为"亚""中""甲"字形大墓。面积最大者达1803平方米，深达15

殷墟遗址

米。墓内椁室、棺木极尽奢华，随葬器物精美，殉人众多。殷墟王陵的埋葬制度、分布格局、随葬方式、祭祀礼仪等，集中反映了商代晚期的社会组织、阶级状况、等级制度、亲属关系，代表了中国古代早期王陵建设的最高水平，并为以后中国历代王朝所效仿，逐渐形成中国独具特色的陵寝制度。

考古发掘表明，殷墟时期的手工业空前发达，不仅门类齐全，而且工艺水平极高。一些主要的手工业生产部门，如青铜冶铸、制玉、制陶、制骨、制车、纺织等都已达到了相当大的规模。其中这一时期的白陶、原始瓷器等在中国陶瓷史上占有重要地位。殷墟出土的商代马车，已经使用了大量青铜构件，独辕双套双轮，结构精致复杂，体现出高超的机械、青铜铸造等复合技术。总之，殷墟时期高度发达的科学技术，对人类科技的发展做出了重要贡献。殷墟丰富的文化遗存从各个方面反映出中国古代高度发达的青铜文明。殷墟的发掘，标志着中国近代考古学的诞生。

考古知识小花絮

殷墟的三大历史伟绩

（1）甲骨文。在世界四大古文字体系中，唯有以殷墟甲骨文为代表的中国古汉字体系，历经数千年的演变而承续至今，书写出了一部博大精深的中华文明史。殷墟共出土甲骨15万片，单字约4500个，其中约有1500个单字已被释读。3000多年以来，甲骨文经金文、篆书、隶书、楷

辽宁岫玉

书等不同书写形式的变化，仍以形、音、义为特征的文字和基本语法保留至今，对中国人的思维方式、审美观产生了重要的影响，为中国书法艺术的产生与发展奠定了基础。

（2）青铜器与玉器。殷墟出土青铜容器4000余件，这些青铜器中，司母戊鼎是殷墟出土的最大青铜器。另外，商代的石器与玉器亦可谓琳琅满目，殷墟出土的玉器体现出中国青铜时代高超的工艺水平。殷墟出土的玉器，原料大都为新疆的和田玉、辽宁岫玉，表明早在3000多年前的商代，就已经有通往新疆的"金石之路"。

（3）墓葬。殷墟考古发掘墓葬8000余座，包括王陵和大量族墓，种类有带墓道大墓、长方竖穴墓、无墓圹墓及祭祀坑等，这在世界其他文化遗址中是少见的。这些墓葬等级森严，随葬礼器的大小、形制、组合、数量更是代表墓主人的不同等级和身份。尤其是殷墟的王陵大墓，成为研究人类文化史的重要遗物。

◆殷商妇好女将军墓

殷墟是商王朝后期的王都，据文献记载，自盘庚迁殷至帝辛覆亡，历经8代12王。盘庚迁殷为公元前1300年，武王攻克商朝为公元前1046年，共有200多年。"妇好"之名见于武丁时期的甲骨文，生前曾主持祭祀，从事征战，地位显赫。妇好墓属殷墟早期，与武丁时代相合。墓主妇好为武丁配偶。妇好墓是商王朝晚期的一座王后墓。墓内所出的铜礼群和武器，以及大量玉石器等，大体上反映了武丁前后商王朝礼器群的类别和组合，是研究商代礼制的重要资料。从妇好墓玉器可以看出吸收了新石器时代某些文化的先进因素，如红山文化的玉龙、"猪龙"，良渚文化的琮、璧等，并不断发展和创新，丰富了商文化的内涵。

1976年由殷商考古专家郑振香、陈志达主持发掘的妇好墓，被列为当年全国十大考古成果的前列。妇好是商王武丁60多位妻子中的一位，即祖庚、祖甲的母辈"母辛"，生活于前12世纪前半叶武丁重整商王朝时期，是我国最早的女政治家和军事家。据甲骨卜辞记载，妇好曾多次主持各种类型和名目的祭祀和占卜活动，利用神权为商王朝统治服务。此外，妇好还多次受武丁派遣带兵打仗，北讨土方族，东南攻伐夷国，西南打败巴军，为商王朝拓展疆土立下汗马功劳。武丁对她十分宠爱。妇好辞世后葬在今河南安阳小屯村西北约100米处。

妇好墓是一竖穴墓，基口长5.6

挖出来的"古代文明"

鸮 尊

米、宽4米、深约8米，面积不大，仅为20多平方米，但却从中出土了大量陪葬品，共计1928件，有青铜器、玉器、宝石器、象牙器、骨器、蚌器等。其中，玉器共755件，

是商代墓葬中，是玉器出土最多、最集中的。青铜器占468件，样式很多，有不少纹饰华丽的大件器物，以礼器和武器为主。礼器有炊器、食器、酒器、水器等。有"妇好"铭文的鸮尊、盉、小方鼎各一对，司母辛铭文的大方鼎、四足觥各一对。墓中还有6000多枚贝壳，一枚阿拉伯绶贝和2枚红螺毂。墓中的葬具为木椁和漆棺，椁室长5米，宽3.5米，高1.3米，椁盖上覆有彩绘织品，墓主人的尸骨已腐蚀无存。其中所出玉器种类很多，形态各异，人像是其中最重要的部分，反映出商代雕塑创作中已具备较准确地掌握头部五官位置和身体比例，并能在小型器上有意放大头部的写实能力；注重发式、冠式的服饰等已显示人物不同社会地位的观察能力。

其中人物面部无表情、双目突出的特点是当时流行的雕刻装饰手法的体现，具有明显的时代特色。

中、东南地区考古遗址

◆湖北的屈家岭遗址

屈家岭遗址位于湖北省京山县城西南30千米的屈家岭村。屈家岭遗址是一处新石器时代村落废墟的遗址，总面积约40万平方米，属屈家岭文化中期，建造年代距今已有4800余年，为我国最早的古城遗址之一，把我国城墙出现的时代推移到距今5000年以前。屈家岭遗址于1954年修建石龙水库干渠发现后，1955年及1957年中国科学院考古研究所和湖北省文物工作队两次发掘。屈家岭遗址发现的文化遗存因其具有的浓厚地方色彩，被命名为"屈家岭文化"。屈家岭遗址是屈家岭文化的命名地，它的发现对于认识长江中游地区和江汉平原的史前文化具有重要的意义。

屈家岭遗址中发现有多处房屋、窖穴、墓葬等遗迹，还出土了大量用于生产和生活的石器和陶器。石器有斧、凿、铲、镞等，造型美观、磨制精细；陶器有杯、碗、鼎、锅、纺纶等，还有陶制环、球、鸡、狗等装饰器。大量的蛋壳陶器、彩绘陶器和彩绘纺纶，说明新石器时代江汉平原地区已具有较高水平的烧陶技术和纺织手工业。屈家岭遗址以彩陶纺轮、彩绘黑陶和蛋壳彩陶最具特色。陶制的鼎、豆、碗等器皿均为双弧形折壁，具有独特的风格。此外，该遗址中还发现有大量生产工具和粳稻谷壳。陶质禽鸟模型及玉饰品的出

挖出来的 "古代文明"

屈家岭遗址出土的玛瑙

现，反映出当时人们精神文化生活的面貌。农业的进步和象征父权崇拜的"陶祖"的出现，说明当时社会的发展已进入父系氏族的社会阶段。屈家岭遗址的发现，说明长江流域同黄河流域一样，也是中华民族的摇篮。

考古知识小花絮

大溪文化

大溪文化是长江中游地区的新石器时代文化，因四川省巫山县大

80

溪遗址而得名。其分布东起鄂中南，西至川东，南抵洞庭湖北岸，北达汉水中游沿岸，主要集中在长江中游西段的两岸地区。约为公元前4400～前3300年。大溪文化的发现，揭示了长江中游的一种以红陶为主并含彩陶的地区性文化遗存。大溪遗址位于长江瞿塘峡南侧，1959和1975年曾3次发掘。主要遗址有湖北宜都红花套、枝江关庙山、江陵毛家山、松滋桂花树、公安王家岗，湖南澧县三元宫和丁家岗、安乡汤家岗和划城岗等。大溪文化的陶器以白陶和薄胎彩陶最为突出，代表了较高的工艺水平。

大溪文化的陶器以红陶为主，普遍涂红衣，有些因扣烧而外表为红色，器内为灰、黑。盛行圆形、长方形、新月形等戳印纹，一般成组印在圈足部位。主要器形有釜、斜沿罐、小口直领罐、壶、盆、钵、豆、簋、圈足碗、筒形瓶、曲腹杯、器座、器盖等。石器中两侧磨刃对称的圭形石凿颇具特色。大溪文化流行红烧土房屋并较多使用竹材建房。葬式复杂多样，跪屈式、蹲屈式的仰身屈肢葬是该文化的特殊葬俗。大溪文化居民以稻作农业为主。饲养猪、狗、鸡、牛、羊。同时，渔

筒形瓶

猎、采集经济仍占一定比重。

◆浙江河姆渡遗址

河姆渡遗址是中国南方早期新石器时代的遗址，位于余姚市罗江乡河姆渡村东北，面积约4万平方米，1973年开始发掘，是我国目前已发现的最早的新石器时期文化遗址之一。河姆渡遗址堆积厚度四米左右，叠压着四个文化层。其中经测定，第四文化层的年代为7000年前，是我国现已发现的最早的新石器时代地层之一。通过1973年和1977年两次科学发掘，出土了骨器、陶器、玉器、木器等各类质料组成的生产工具、生活用品、装饰工艺品以及人工栽培稻遗物、干栏式建筑构件，动植物遗骸等文物近7000件，全面反映了我国原始社会母系氏族时期的繁荣景象。河姆渡遗址的发掘为研究当时的农业、建筑、纺织、艺术等东方文明，提供了极其珍贵的实物佐证，是我国建国以来最重要的考古发现之一。

河姆渡遗址的陶器主要是夹炭黑陶和夹砂红

夹砂红陶

陶、红灰陶。除素面陶外，盛行在釜类腹底交错拍印绳纹，陶器的宽边口沿上常刻划平行条纹、波浪、圆圈、叶形、谷穗状等几何图样，偶见白地深褐色纹的彩陶。代表性器物有釜、罐、带把钵、宽沿浅盘、垂囊式盉、支脚等。与支脚配合使用的陶釜，始终是河姆渡文化的主要炊器。骨制生产工具丰富，为中国新石器文化中所独有。骨耜、斜铤骨镞、管状骨针、骨哨、木矛、木刀等，都是具有特色的器物。河姆渡遗址发掘出20～50厘米厚的稻谷、谷壳、稻叶、茎杆和木屑、苇编交互混杂的堆积层，最厚处达80厘米。伴随稻谷一起出土的还有大量农具、主要是骨耜，有170件。骨耜的功能类似后世的铲，是翻土农具，说明河姆渡原始稻作农业已进入"耜耕阶段"。

大批榫卯木构件及干栏式建筑的遗迹，显示了河姆渡文化的住房特点。河姆渡遗址两次发掘范围内发现大量干栏式建筑遗迹，分布面积最大，数量多。当时建房时垂直相交的接点较多地采用了榫卯技术。河姆渡遗址的建筑是以大小木桩为基础，其上架设大小梁，铺上地板，做成高于地面的基座，然后立柱架梁、构建人字坡屋顶，完成屋架部分的建筑，最后用苇席或树皮做成围护设施。这种底下架空，带长廊的长屋建筑古人称为干栏式建筑，适应了南方地区潮湿多雨的地理环境。

◆浙江"新地里"遗址

被誉为"中华文明之光"的良渚文化四千年前突然消亡，这一千古之迷一直使海内外众多考古学家为之牵挂。浙江文物考古工作者对桐乡留良乡湾里村的"新地里"第八十六、八十七号墓进行发掘，从而使解开良渚文化的由来去终有了重要突破。良渚文化遗址最早发现于1936年，分布在江苏、浙江、上

挖出来的 "古代文明"

海境内，成为距今四、五千年左右，长江下游及环太湖流域这一类物质文化遗存的统一称谓。良渚文化见证了长江下游古代文明和文化的发展，被世界考古学界认定为中国和世界东方早期文明的主要代表之一。

良渚文化的年代，上限距今5200年至5300年，下限距今4000年左右。然而，考古学上一般认为，紧随其后的马桥文化，其上限的年代为3700年左右。两者之间，存在着300至500年的历史断层，这一直是学界的未解之谜。"新地里遗址"处在良渚文化晚期或消亡前夕的末期，是迄今为止良渚文化这一阶段最集中、最丰富的一组考古资料。"新地里遗址"发掘墓葬九十五座，其中良渚文化时期的八十七座被确认为是目前已知的全国良渚文化时期最大的墓葬群。发掘共出土玉器、石器、陶器等各类珍贵文物九百多件。其中，最有价值的是神兽纹玉牌饰。这件玉器呈小巧的蝴蝶型，图案的上半部分是一个神人的模样，下面刻着兽面，工艺十分精美。据考证，这种神兽造型很可能是当时插在帽子上以示身份的物件，一般只可能在良渚文化中等级非常高的墓葬中出现。据文字考证，"皇帝"的"皇"字就是从神兽图案演变而来的。

"新地里"遗址的发现传递

神兽纹玉牌饰

出很多考古信息：首先，它是迄今为止良渚文化发现的最大墓葬群，超过了江苏赵陵山发现的八十五座墓葬群。其间跨越了良渚文化中期到晚期约400至500年的时间；从墓葬的东北和西南两处随葬品的数量和质量上的巨大差异可以看出，良渚文化的中晚期已经有"穷人"和"富人"，"平民"和"贵族"的等级之分；"新地里"遗址出土的绳纹鼎、高颈壶等明显具有受中原文化影响的痕迹，证明良渚文化晚期与外来文化的交流已经开始。此外，该处遗址体现出来的文化因素快变、多源的特色，可能与良渚晚期的社会动荡有关。

考古知识小花絮

牛河梁红山文化遗址

牛河梁红山文化遗址位于辽宁省凌源市与建平县交界处，因牤牛河源出山梁东麓而得名，呈半山地半丘陵地貌。牛河梁是5000年"古文化、古国、古城"之所在，中华五千年古国的象征。它的出现，将中华文明史提前了1000多年，被称为"中华文明史新曙光"。整个遗址置于万亩松林丛中，冬夏常青，空气新鲜，环境幽雅，依然存有原始风貌。遗址座落在辽西山区一处曼延10余千米的多道山梁上，在50平方千米范围内连绵起伏的山岗上，有规律地分布着祭坛、女神庙和积石冢群，并由它们组成一个规模宏大的宗教祭祀中心。

挖出来的 "古代文明"

　　在方圆有致的积石冢内，以大墓为中心将墓葬分为若干等级，随葬品只有玉器。以写实又神化的猪龙、熊龙、凤鸟、龟等动物形玉饰，上下贯通的马蹄状玉箍和装饰着随光线变化而若隐若现花纹的勾云形玉佩为主要类型，它们与竖立在积石冢上成排的彩陶筒形器都是墓主人用以通神的工具。这些积石冢位于山冈之巅又层层迭起，具有后世帝王山陵的景观。女神庙、积石冢、大型土台建筑址是牛河梁文化遗址的代表性建筑。此三个遗址点依山势按南北轴线分布，坛庙冢三位一体，规模宏大、气势雄伟，是红山文化最高层次祭祀中心场所。坐落在主梁顶上的女神庙供奉着围绕主神的女神群像。一般为真人原大，位于主室中心的大鼻大耳竟为真人的三倍。神像又是以真人为依据而塑成的，比例适中又极富表情，权威人士认为"她是红山人的女祖，也就是中华民族的共祖"。

第三章

解密亚洲的考古遗迹

挖出来的 "古代文明"

　　考古注重于人类文明实物与遗迹的发掘、研究，是一种研究人类历史的生动直观的学科。作为世界考古体系的一部分，亚洲考古的文明历史悠远而深厚。从文化角度来说，世界几大著名的文明中，亚洲即产生了中华文明、印度文明、古巴比伦文明等三大文化体系。如果再加上古代西亚文明（可分为希伯来文明、腓尼基文明、亚述文明），那么亚洲文化可谓异彩纷呈。亚洲的这些文明体系，在各自的文化区域内不仅创造出了无形的文学艺术与精神信念等精神文明成果，而且也创造出了古代丰富多彩的城市文化、陵墓文化、建筑文化与工艺文化，留下了丰富多彩的文明遗迹与文物古迹，成为历史研究与考古发掘的丰富资源。

　　从考古学诞生以来，西方诸多考古学家均把探寻的视野投向东方——亚洲。而且在实际的考古工作中，近现代人类考古史上的诸多成就也均诞生于古老的亚洲。仅仅在我国古代的西域，东迄河西走廊，经新疆塔里木盆地，西至阿姆河上游和伊朗，南自兴都库什山，经准噶尔，北达内蒙古西部地区，即出现了大量的考古成果。其中重要遗址和墓地有麻扎塔格山废堡遗址、尼雅遗址、鄯善"东故城"佛寺遗址、楼兰古城遗址、汉代长城及烽燧遗址、吐鲁番佛寺遗址和墓地，以及萨珊遗址、史前遗址、丹吉尔山谷的中印古代佛教交流之路、喀拉塔仁什河首次探察的古道等。同时在这些古代遗址附近和道路沿线发现了大量重要文物，如藏文文书、卢文木简、佛寺壁画、丝绸、汉文木简、佛教经卷、党项文、藏文手稿和雕版印刷品等。

　　本章我们就以亚洲考古为题来分别介绍一下诸如乌尔城的皇家陵寝、印度河古城摩亨佐、巴比伦城遗址、赫梯都城哈图沙、亚述古城尼尼微、圣城耶路撒冷、佩特拉古城、波斯波利斯、桑奇佛塔阿旃陀石窟、吴哥古迹、沙漠古国埃勃拉、塔施提克文化等亚洲考古成就。

东南亚考古遗址

◆柬埔寨吴哥古迹

吴哥古迹是柬埔寨宗教艺术遗迹的总称，共400余处，以大吴哥王城、吴哥寺、巴壤寺和班迭斯雷寺最著名。吴哥古迹始建于真腊帝国全盛时期的9世纪末叶。这个帝国兴于6世纪，经历了600年的繁华。最初定都洞里萨湖畔，9世纪末迁都吴哥。吴哥古迹便是这时期的艺术创造。吴哥古迹的雕刻艺术成就极高。吴哥寺各层回廊内侧皆饰浅浮雕，覆盖面长达800多米，内容多关于佛教、印度教两大史诗《罗摩衍那》和《摩诃婆罗多》的描绘，也穿插许多世俗生活场景。画面层次分明，装饰效果极强。其圆雕作品以"吴哥式微笑"的风格著称。

13世纪末，真腊帝国又迁新都。吴哥王城的繁华逐渐被埋在热带丛林之中，直到19世纪中叶才被发现。

吴哥古迹的著名建筑遗址有：

（1）大吴哥王城。亦称"吴哥通"，是当时的都城。位于今暹粒省东部。王城呈正方形，周长达12千米。石砌城墙高7米，宽亦7米。墙外有濠沟和护城河。城门之上建石塔，塔饰大佛。门外左右排列天神两列，各高2米，共54尊。城内有寺塔、皇宫等一系列建筑群。巴壤寺即为其中之一。巴壤寺是建在城中心的佛寺，寺门东向，始建于12世纪末。三层方形台基上，各层有回廊，廊内饰浅浮雕和小石塔。第三层台基上所立中心大塔，高45米。周围绕以16座中型塔

挖出来的"古代文明"

吴哥寺

和几十座小塔，构成完整的塔群。大塔上部雕有"湿婆四面神像"，居高临下，环顾四野，具有神秘玄思的意味，也反映出佛教与印度教的融合。

（2）吴哥寺。又称"小吴哥"，位于大吴哥王城南郊。始建于国王苏里亚跋摩二世时。平面设计犹如大小四个"口"字相迭套，形成里外三层。第一层台基东西长215米，南北宽180米。有六处入口通向第二层台基，这层台基长115米，宽100米，比第一层高出7米。第三层台基为正方形，边长75米。圆心为大塔，离地面65米。四隅各有相同形制的一座小塔。第二层台基也是如此。所以吴哥寺共有九塔，今唯存第三层的五塔。整体设计体现了佛教须弥山世界的思想，成为宇宙中心的象征。

考古知识小花絮

真腊帝国

真腊又名占腊、甘孛智，为中南半岛古国，在今柬埔寨境内，是中国史书对中南半岛吉蔑王国的称呼。真腊在秦、汉是扶南属国。《后汉书》称"究不事"，《隋书》称真腊，《唐书》称吉蔑、阁蔑，宋代称真腊、真里富，元朝称"甘勃智"，《明史》称"甘武者"，明万历后称"柬埔寨"。六世纪中叶，柬埔寨北方的吉蔑部落兴起，七世纪中叶，兼并扶南自立。八世纪末，为爪哇夏连特拉王朝所控制。九世纪时，重新独立，建立吴哥王朝（802—1431年），被成为高棉帝国。国势强盛，建有世界闻名的吴哥窟。疆域为今缅甸边境至马来半岛北部地区。12至13世纪，

老挝风景

不断与暹罗、占婆战争，国势衰落。1431年首都吴哥被暹罗攻占。1434年复国，迁都金边。

隋大业二年（606年）真腊国王派遣大使朝贡。唐神龙年间（705—707年）真腊国分裂为北方的陆真腊（又名文单国）和南方的水真腊。水真腊国都婆罗提拔，陆真腊国都在今老挝境内。宋政和六年（1117年），真腊国王派遣大使朝贡，赐朝服。宋宣和二年（1120年），诏封真腊国王与占城。

南宋庆元年间（1195—1200年）真腊国大举反攻，占领占城，纳入版图。元朝置为占城省。明永乐二年（1404年），真腊国王参列婆匹牙派遣使团九人朝贡。明宣德五年（1430年）暹罗入侵高棉帝国，包围吴哥城七个月，最后攻破吴哥。高棉帝国放弃吴哥，迁都金边。后中国历史文献中称其为柬埔寨。

南亚考古遗址

◆孔雀王朝的桑奇佛塔

桑奇佛塔的历史悠长，最早始于公元前3世纪孔雀王朝，全力保护佛教的阿育王在此竖立了一根铭刻其法敕的石柱，并建造一座小砖塔。在继之而起的巽加王朝将小塔扩建为壮观的大塔，二塔、三塔也陆续盖起。公元前1世纪，以极致工艺成就著称的案达罗王朝，在大塔东西南北立起4座精雕细琢的塔门，佛塔周围亦陆续建造起许多僧院石寺。从各王朝不断扩建的情形看来，桑奇一直都是中印度的佛教重镇。直到伊斯兰教大军入侵印度，佛教几为所灭，桑奇遂被世人遗忘。

桑奇的主要遗迹包括最为壮丽高耸的大塔，朴实无华的二塔，以及发现藏有佛陀两位大弟子舍利弗和目犍连舍利的三塔，附近尚有许多石造寺院，以及一根断成两截的阿育王石柱，大小遗迹共51处。大塔四方的雄伟塔门所吸引，其上一幅幅栩栩如生、活泼灵动的佛教雕刻，正是桑奇成为当今首屈一指古文明宝藏的主要原因。

在发现桑奇之时，桑奇佛塔已沉睡了8个世纪。然而重见天日的桑奇佛塔，随即面临的却是地方官员和考古学家们粗鲁的肢解和破

桑奇佛塔一角

坏，三座佛塔皆被挖掘半毁，大塔的两座塔门也差点被拆下来送给英国女皇当作献礼。直到1912年，考古学者约翰·马歇尔按照原貌仔细地重修复建，倾颓破败的桑奇才得以再度焕发光华。1989年，联合国教科文组织将桑奇列入世界文化遗产，这座世界

挖出来的 "古代文明"

上现存最古老的佛教遗迹，终于 得到应有的地位。

考古知识小花絮

孔雀王朝

孔雀王朝存在于公元前321年—公元前187年，即古印度摩揭陀国的王朝。名称的来源有多种说法。其中一种说法认为，由于旃陀罗笈多出身于一个养孔雀的家族，因此，后来人们把旃陀罗笈多建立的王朝叫孔雀王朝。公元前325年，马其顿国王亚历山大大帝从印度河流域撤走，在旁遮普设立了总督，留下了一支军队。这时，旃陀罗笈多（月护王）率领当地人民揭竿而起，组织了一支军队，赶走了马其顿人。随后，他又推翻了难陀王朝，建了新的王朝，定都华氏城。汉朝和同时期的罗马帝国与印度的孔雀王朝是当时世界上最先进的文明。这个王朝不但奠定了印度大体上的统一疆域，而且很好地弘扬了印度古典文化。

公元前3世纪中叶，阿育王在位时国势强盛，孔雀帝国的版图达到最大规模。北起喜玛拉亚山南麓，南至迈索尔，东临阿撒姆西界，西抵兴都库什山，除了南端外，统一了除了现卡纳塔克邦以南及阿富汗的整个印度次大陆，成了一个空前统一的大帝国。将佛教定为国教，到处派人往各地宣传佛教，一时亚非欧三洲都有佛教徒的足迹。经此提倡，佛教遂成为世界重要宗教之一。孔雀王朝约前187年为巽加王朝所取代。

喜玛拉亚山一景

◆印度阿旃陀石窟

阿旃陀石窟是印度佛教石窟群，位于马哈拉施特拉邦北部温迪亚山的悬崖上，传为公元前2世纪左右开凿，历时1000年之久。中国唐代僧人玄奘曾对它作了最早的记载，该石窟在1819年被英国人又重新发现。该石窟今存洞窟29座，窟形分支提和毗诃罗两大类，以后者居多。支提窟内中央置窣堵波，依天然岩凿成，内殿四周，建造柱，在早期的支提窟中有明显的仿竹木构造痕迹，且装饰简朴，到中晚期后则趋于精美。毗诃罗窟内部有石床、石枕、佛龛等，陈设较简单。

阿旃陀石窟的雕刻从题材上分佛教造像、装饰纹样。其中佛教造像可分早中晚三期，由于风化严重，早期雕像已很难辨识，中期雕刻手法趋于成熟，出现了许多精品，如16窟中的说法佛、19窟中的列柱和板框上的采花女子像及蛇王像等，技艺精熟，为石窟造像之佼佼者。后期雕像，规模扩大，人物的刻画更加细腻精巧，形态也更加优美，如26窟中的佛陀降魔和涅

95

挖出来的 "古代文明"

阿旃陀石窟

盘、1窟中的释迦牟尼像,以及布满窟内四壁的佛传、佛本生故事浮雕等。阿旃陀石窟的雕刻和壁画艺术,对以后印度的美术创作产生了巨大作用,而且随着佛教的传播,对其他国家的美术也有很大影响。

壁画是阿旃陀石窟中最为人们瞩目的艺术,被认为是印度古代壁画的重要代表。画面上出现的大量的现实生活场景,说明为宗教服务的绘画艺术,已出现世俗化倾向。画中所描绘的众多的妇女形象,体态丰满,姿态优雅,形象高贵典雅,反映了印度古典艺术的美学思想。壁画依时代风格可分为早、中、晚三期。早期壁画构图多为横幅长条形,人物造型、表现技法较同时代的其他遗迹中的佛教艺术,有明显的进步。如9窟残存有佛传和佛本生故事,线条柔和纯朴;10窟有索姆、六牙白象本生和礼拜菩提树等画面，运笔大胆，风格豪放。

阿旃陀石窟的中期壁画正值笈多王朝文化艺术的鼎盛时期，画面构图壮阔繁密，布局紧凑和谐，作风沉着老练，色彩典丽，富有抒情趣味，能注重人物的神情刻画和意境的表达，人物描绘手法精细，注重姿态的变化，其中对妇女的描绘，均风姿绰约，艳丽动人，其代表作有17窟的狮子国登陆图和佛说法图及太子与嫔妃劝酒图、16窟的佛传故事等。另外，各窟的装饰壁画，如卷云、蔓草、莲花及小动物等，均设计巧妙，想象丰富，色彩鲜艳，对比强烈。到了晚期，壁画创作在艺术上更臻完善，此时壁画构图宏大庄重，整体感强，线条稳健，色彩典丽，讲求透视，画面景物立体感有所加强，人物装饰更加

阿旃陀石窟

阿旃陀石窟壁画

华美，是阿旃陀石窟壁画艺术的最　佳者。

考古知识小花絮

佛教建筑——石窟

　　石窟是印度的一种佛教建筑形式。佛教提倡遁世隐修，因此僧侣们选择崇山峻岭的幽僻之地开凿石窟，以便修行之用。印度石窟的格局大抵是以一间方厅为核心，周围是一圈柱子，三面凿几间方方的"修行"用的小禅室，窟外为柱廊。中国的石窟起初仿印度石窟，多建在黄河流域。从北魏至隋唐，是凿窟的鼎盛时期，尤其是在唐朝时期修筑了许多大石窟，唐代以后逐渐减少。甘肃敦煌莫高窟、甘肃天水麦积山石窟、山西大同云冈石窟和河南洛阳龙门石窟被称为"中国的四大石窟"。石窟艺术是佛教艺术，它反映了佛教思想及其发生、发展的过程，它所创造的像、菩萨、罗汉、护法，以及佛本行、佛本生的各种故事形象，都是通过具体人的生活形象而创造出来的。

　　石窟艺术是一种宗教文化，取材于佛教故事，兴于魏晋，盛于隋唐。它吸收了印度健陀罗艺术精华，融汇了中国绘画和雕塑的传统技法和审美情趣，反映了佛教思想及其汉化过程。石窟艺术与佛教是十分密切的。石窟艺术是为当时信佛的人们服务的。因信仰佛教的各阶级、各阶层人物不同，他们所属的佛教宗派也不一样，因而在造像与壁画的题材上，也要根据自己那一宗派的经典造像。石窟群中的雕像，主要是释迦和菩萨等单独的形象，其次则多是佛本生、佛本行（即如何苦行、忍

大同云冈石窟

挖出来的"古代文明"

辱、寻求解脱）等故事画像。

◆印度河古城摩亨佐达罗

摩亨佐达罗位于巴基斯坦信德省境内，拉尔卡纳县城南20千米处，距卡拉奇约500千米，是巴基斯坦著名的旅游胜地。1921年至1922年间，考古学家班纳吉在印度河干流的沙丘上，发现了一些"奇怪的史前遗物"。经过进一步发掘，一个大约建于4500年前的古城遗址终于露出了端倪。这座"被埋没的城市"，是一个青铜时代的古城遗址。城址占地约8平方公里，整个城市像一张棋盘，每个住宅都有6至10间房，并有院子，所有建筑都用红砖砌成。整个城市有一套完整的下水道系统。

摩亨佐达罗城遗址

摩亨佐达罗城，大体可分为上城和下城两部分。一到上城，首先看到的是一座高达15米多的圆形古堡。在古堡的下面，是4500年前建成的城市。从古堡往下走，是著名的大浴池和粮仓，大浴池由红砖和灰浆砌成，四周还有精巧的上下水道。据专门研究印度河文明的专家介绍，这座大浴池很可能是为宗教仪式服务的。现在，印度河一些地区仍保留着将沐浴用于宗教仪式的传统。下城离上城约1千米，当人们置身于两人多高的街墙之间时，迎面吹来的习习凉风，使人们对古代建筑师巧妙地利用季风进行自然通风的技巧惊叹不已，而最使人惊奇的是许多房子里都有倒垃圾的滑道。

古城还出土了数百件奇异的人形陶俑，这是一组作品，描绘当时的"圣母"祭祀仪式。这些人俑体现了古摩亨佐达罗人的艺术创作特点，表现了他们对"神力"的敬畏和虔诚。出土文物中有一尊似是教王一类首领人物的塑像，他头系发带，面蓄胡须，左肩上斜搭一件饰有三瓣花图案的大氅，双目微睁，显出沉思的模样。另一件精巧的文物珍品是一个舞女的塑像，她全身赤裸，叉腰翘首，栩栩如生，一副高傲尊严的神态。这些发掘出的珍贵文物表明了摩亨佐达罗的文化已到了相当发达的程度，摩亨佐达罗以其惊人的古代文明，吸引着无数的学者和游客。

摩亨佐达罗城内有大浴池、大粮仓、宽敞的会议厅以及其他许多公共建筑。除此以外，古城还有宽阔的大道、合理配置的小巷、完整的排水系统和精致的汲水井等。遗存里还有各种农业生产器具和手工业工具；农产品有棉花、麦类、椰枣、瓜果；家畜家禽有水牛、绵羊、骆驼、狗、马、鸡；工业品有素陶、彩陶、纱、布、青铜器皿；最引人注目的是遗物中还发现有刻有犀牛的印章以及大量的石制砝

101

码。出土的文物中，还有大量造型精美的艺术品，如小雕像、骨刻、绘画等，其中护身符印章尤多，达 2000 余枚。印章上的动物形象和文字符号有人形、鱼形、脚形、桌形等。古印度长篇叙事史诗《摩诃

婆罗多》曾隐约提到了摩亨佐·达罗文明被毁一事，诗中描述了"天雷""无烟的大火""惊天动地的爆炸"以及高温使河水沸腾、游鱼煮熟等悲惨景象。

西亚考古遗址

◆圣城耶路撒冷

耶路撒冷位于地中海东岸，犹地亚山区之巅，是犹太教、基督教、伊斯兰教三教的圣地。大耶路撒冷面积627平方千米，旧城位于东部，面积仅1平方千米。现存主要遗迹有：

（1）是犹太教希律圣殿的西墙，即"哭墙"。犹太教把耶路撒冷作为圣地源于公元前10世纪。当时所罗门在位，他在都城耶路撒冷建造了希伯来人的神庙——所罗门

圣殿。公元前586年，新巴比伦王国攻占耶路撒冷时，圣殿毁于战火，后重修，1世纪时又毁于罗马人手中。出于怀旧、崇古的心理，犹太人在第二圣殿废墟上，用大石头垒起一道长481米，高18.3米的石墙。犹太人认为砌墙的石头取自所罗门圣殿，因而石墙就是犹太王国的遗址。这就是犹太人敬仰和团结的象征——"哭墙"。每逢星期五都有犹太教徒来此哀悼。

（2）圣岩清真寺和艾格萨清

圣徒在"哭墙"祈祷

真寺。两座清真寺都位于神庙山（即圣殿山）上，旧城的东南部。一个银灰色，一个金黄色。圣岩清真寺，又称萨赫莱清真寺。公元636年，信奉伊斯兰教的阿拉伯人征服了耶路撒冷。691年，阿拉伯倭马亚王朝的一位哈里发主持建造这座充分展示阿拉伯建筑艺术的优美杰作。其最外是一层八角形墙体，全用石块砌成，外墙用花瓷砖贴面，镶嵌有穆罕默德神奇夜行时留下的那篇未完成的《古兰经》文，顶部是半球形，外包金箔，显得灿烂辉煌。圣岩清真寺有块巨石，相传穆罕默德由天使陪同，乘天马从麦加到耶路撒冷，后来就是踩着这块巨石升天，去聆听安拉的启示的。犹太人也把这块大石头看做圣石。阿克萨清真寺是耶路撒冷最大的清真寺，朝向穆斯林的第一圣地——麦加。阿克萨清真寺的内部，中央通道高19米，左右各连着三个通

103

道，每个高12米。在中央通道的柱子上，是一个三层的连拱廊。在该寺的圆拱前，是11世纪的凯旋门建筑，用多色瓷片镶嵌，圆顶内是12世纪晚期的彩色瓷片镶嵌。

皇帝君士坦丁一世的母亲希伦娜巡游圣地耶路撒冷时，维纳斯神庙的主教告诉她，耶稣殉难和复活的地方即在这一处所下面。希伦娜回去后将这一发现通告君士坦丁一世，

君士坦丁一世铜像

（3）圣墓大教堂。又称复活教堂，是在耶稣被钉在十字架上遇害并复活的地方建起的教堂，因此也是世界基督教徒心目中最神圣的参拜地之一。公元326年，东罗马帝国

君士坦丁一世遂下令将维纳斯神庙拆除，在此地修建了一长方形教堂，即圣墓大教堂。圣墓大教堂呈罗马长方形会堂格局，殿内庄严凝重、幽邃深沉。殿中石柱纵横，圣

龛处处满壁，存放着大量传说的圣迹和圣物。教堂有两扇大门，门两旁各树立着三根大理石柱。前廊建在一个古蓄水池的顶棚上，两侧鳞次栉比排列着多座教堂。

（4）受难之路。受难之路，又称多洛罗萨路，据说耶稣当年就是沿着这条路走向刑场的。据《新约》记载，耶稣30岁时开始在巴勒斯坦一带广收门徒，传播新教义，这一活动受到罗马帝国统治者和犹太教上层的反对和打击。经过巧妙的周旋，耶稣终于在公元30年带领门徒第子沿着橄榄山进入耶路撒冷。不久，由于门徒犹大的出卖，耶稣在耶路撒冷郊外的客西马尼园被捕。受难之路共有14站，每站都有标记，或建有教堂，其中最后5站集中在圣墓大教堂。

◆ 巴比伦古城遗址

巴比伦是为"神之门"的意思。巴比伦古城遗址位于今伊拉克首都巴格达以南约 90 千米处，幼发拉底河右岸，是世界著名的古城遗址和人类文明的发祥地之一。巴比伦古城始建于公元前 3000 年，最初是一个小村，经五六个世纪的发展，逐渐兴旺。后为古巴比伦王国和新巴比伦王国首都。在此期间，该城先后几度易主。公元前 4 世纪末，城市渐衰，至公元 2 世纪沦为废墟。现古城遗址为新巴比伦王国尼布甲尼撒二世在位时期的巴比伦城，规模极其宏伟壮观。希腊历史学家希罗多德在其名著《历史》一书中，曾详细记录了巴比伦城的盛况。巴比伦古城是当时两河流域的政治、经济和文化中心。全城面积达1万公顷。幼发拉底河自北而南贯穿全城，河东为老城，宫殿、神庙大多在这里。

巴比伦的城墙高大厚实，数十米高的城墙多设雄狮、雄牛、神龙等浮雕，虽经几千年的磨蚀，仍栩栩如生。巴比伦城城墙为双重，外

美索不达米亚幼发拉底河畔

墙周长 16 千米，内墙 8 千米，墙下有深壕围护。在墙外之东，筑有一道防护土墙，形成三重墙垣。城内街道十分宽广，均用砖铺设，并使用了沥青。仪仗大街直通 8 座城门之一的伊什特门，街西是南宫，东为宁马克神庙，街北为主宫。南宫是国王的主要宫殿，长 300 米，宽190 米，由 5 所庭院和用彩绘装饰的金銮殿组成，被誉为古代世界八大奇迹之一的巴比伦空中花园就在南宫内。巴比伦城墙以亮丽的蓝色为底色，由白黄两色组成的狮子，公牛和龙的图案散布在城墙各处，由上到下一层一层地排序着，昂首阔步，栩栩如生。

巴比伦的北面主宫遗址中，现存一座雄狮足踏人的巨石雕刻，这就是著名的巴比伦雄狮。这是用巨大岩块雕琢而成的塑像，狮身长约3 米，高约 2 米，宽近1.5 米，巍然屹立在一块长方形的石垫上，强有力的狮爪下踩着一个石头人。它象征着古代阿拉伯人不畏强暴、勇于斗争的英雄气概。埃萨吉纳大庙及所属的埃特梅兰基塔庙，宏伟高大，为城内主要建筑。塔庙高达 91 米，基座每边长91.4 米，上有 7 层，最顶层为蓝琉璃小庙。据说这就是《圣经》中所说，由于耶和华变乱人们的语言，致使人们未能造成通天的巴比塔。

如今伊拉克政府在巴比伦古城遗址上仿建了一座城门，门高约 4 米，宽 2 米多，门的上端是拱形顶盖，两边同残破而高大厚实的旧城墙相连。城门内修建了博物馆，馆内陈列着出土的巴比伦文物，其中两件展品最为珍异：一件是根据出土文物复制成的巴比伦古城全貌的巨大模型；另一件是高近 2 米的黑色闪绿岩的石碑，碑的上半部为精致的浮雕，刻着太阳神将权标授予汉谟拉比的情

《汉谟拉比法典》石碑

景；下半部是用楔形文字刻记了巴比伦王国国王汉谟拉比（约公元前1792—前 1750 年）领导制定的世界上第一部法典《汉谟拉比法典》的全文。石碑的原件现在巴黎卢浮宫博物馆，此地陈列的是复制品。

挖出来的 "古代文明"

"空中花园"

新巴比伦国王尼布甲尼撒在位期间，把首都巴比伦城建成一座堡垒般的城市。城市是方形的，每边长22.2千米。围绕城市的城墙大约有8.5米高，是用砖砌和油漆浇灌而成的。全城有100扇用铜做成的城门。城墙

巴比伦空中花园猜想图

周围还有很深的护城河。幼发拉底河从城墙下流进来，穿城而过。巴比伦城里还有一座很大的皇宫，皇宫内修建了一个"空中花园"，被后世称为世界七大奇迹之一。空中花园是上古时代巴比伦人的卓越成就，带给人民无比的骄傲。空中花园是在层层叠叠的花园中栽种了各式各样的树、灌木、以及藤蔓。

"空中花园"是在宫殿楼房的顶部砌筑成台阶式园田，种上花草树木，以供观赏。相传，空中花园是尼布甲尼撒二世为取悦他的妃子修建的。妃子是米提王齐亚库萨雷的女儿，她来自山区，适应不了气候炎热、缺树少花的巴比伦的生活环境，因此经常怀念绿水青山、草木繁茂的家乡。国王为了给她消愁解闷，便模仿她的故乡风光和当时盛行的宗教建筑大神坛造起了这座别具风格的花园建筑。

◆约旦佩特拉古城

佩特拉古城是约旦南部的一座历史古城，是约旦南部沙漠中的神秘古城之一，也是约旦最负盛名的古迹区之一。兴盛于公元前9年—公元40年。佩特拉古城距首都安曼约260千米，隐没于死海和阿克巴湾之间的山峡中，位于干燥的海拔1000米的高山上。它几乎是全在岩石上雕刻而成的，并以岩石的色彩而闻名于世。佩特拉遗址的岩石带有珊瑚翡翠般的微红色调，在阳光照射下闪闪发亮。尤其在朝阳和晚霞的照射下，整座城市就会变成玫瑰色，所以佩特拉又称"玫瑰红古城"。这座方圆20平方千米的古城，寺院、宫殿和住宅等建筑物都在岩石上开凿出来，蔚为壮观。实际上，这里的岩石不只呈红色，还有淡蓝、橘红、黄色、紫色和绿色。2007年7月8日被评选为世界新七大奇迹。

巴比伦空中花园猜想图

佩特拉古城的核心是一个大广场，广场正面是一座高40多米，宽20多米，依山雕凿的殿堂——哈兹纳赫，意为"金库"。传说里面曾收藏着历代佩特拉国王的财富，也有人说它是一座陵墓。哈兹纳赫造型宏伟，整座建筑分上下两层，横梁和门檐雕有精细的图案。上层有就山岩雕凿出的圣母、天使和带有雄健翅膀的武士像，形象逼真。石壁上的原始壁画色彩虽已暗淡，但粗犷线条勾画出的画面仍然清晰可辨。遗址山脚下有一座具有拜占庭风格的古庙建筑——本特宫，也称"女儿宫"。传说当年城市缺乏水源，国王下令如有人能引水入城，愿以公主相许。后有一建筑师从谷外的穆萨村，劈山筑渠，引水入城，国王便将公主下嫁给他，此宫遂改称"女儿宫"。

◆沙漠古国埃勃拉

埃勃拉是西亚的一个古国，其位置在今叙利亚北部城市阿勒颇与哈马之间的大沙漠中。埃勃拉古国的存在时期可以追溯到公元前3000年至公元前2000年初，之后便从历史舞台上彻底消失了。埃勃拉的名字，曾经在两河流域和埃及的古文献中出现过数次。但是关于它的确切位置，现代考古学家却无从知晓。因此，许多考古学家都把找到埃勃拉当作自己的追求。1862年，法国考古学家梅·戴沃盖为了探寻古文明，率先考察叙利亚大沙漠。他发现了一座巨塔和一些古建筑物遗迹。这些建筑物特点鲜明，墙壁较宽，殿堂较大，柱子较高。但由于各种原因，发掘工作被迫中止。此后近百年间，这里便不再有人踏足。

埃勃拉一景

挖出来的 **"古代文明"**

1955年，一个居住在附近的农民偶然在沙漠里发现了一个石狮子和一个圣盆。石狮子是用灰色玄武岩雕刻而成的，圣盆四周雕刻着行军的武士和举行宴会的情景。1962年，意大利考古学家保罗·马蒂尔博士率领罗马大学考古队来到叙利亚，他们发掘的目的地定于沙漠中的特尔·马尔狄赫荒丘，这里正是石狮子和圣盆的发现地。埃勃拉古国遗址的大规模发掘工作于1964年开始。经过四年时间，人们终于发掘出一具由玄武石雕刻而成的无头男人像。据考证，这尊石像的制作年代是公元前2000年。这位石雕男子穿着考究，神情高雅。在他的袍子上，人们发现了26段楔形文字铭文，其中写道"因为埃勃拉之王和伊斯塔女神的缘故，将水槽献给大神庙。"

后来，考古队发现了宏伟壮丽的特尔·马尔狄赫陵墓，接着又发掘出了整个埃勃拉古城遗址。遗址总面积约56万平方米，它的平面大致呈菱形，最宽处约1000米，辟有四个门。城址中央的卫城近似圆形，直径约170米。1973年，考古学家在卫城中发现了公元前3000年的王宫遗址。王宫里宫殿极多，排列整齐有序，结构复杂。这些建筑整体布局和谐，排列技巧精湛，堪称西亚建筑艺术中的精品。

1974年，在王宫的一间小房子里发现了42块碑牌。这些碑牌上都刻有楔形文字，有些文字无法辨认，有些是苏美尔语。通过碑牌内容确定，这里就是消亡已久的埃勃拉古王国首都埃勃拉城。1975年，又有1000多块这样的碑牌被发掘出来。而9月的最后一天，是最富有历史意义的日子。这一天，考古队在卫城共发现了3万多块泥版文书。先是在一个房间里发现了1.5万块，接着又在另外两间房里发现了1.6万块。从此，埋藏在地下几千年的埃勃拉古国遗址的发现震惊了全世界。

埃勃拉原始居民可以上溯到公元前4000年后期。公元前3000年，是埃勃拉古国的奴隶制初期。国王作为专制君主，拥有无上的权力。埃勃拉古国的农业相当发达，主要农作物是大麦和小麦。当时，埃勃拉城附近是一片平原，水源丰富。畜牧业也有一定的规模。手工业和商业也非常发达，有陶工、雕刻工、金属工、面包师、木匠、纺织工、制香料者、磨坊工等。公元前2300年前后，埃勃拉已经拥有人口近30万，中心城市已有3万多人居住。埃勃拉王国为了加强对幼发拉底河的控制，多次与阿卡德王国进行战争。最终被阿卡德国王萨尔贡一世征服。公元前2291年，埃勃拉城再次被萨尔贡一世的孙子纳拉姆辛攻占。纳拉姆辛用一把大火把埃勃拉城烧毁。后来，埃勃拉王国又先后受到阿摩利人、赫梯人的侵略和掠夺。最终，埃勃拉居民全部"蒸发"，埃勃拉王国也在历史上销声匿迹。

考古知识小花絮

楔形文字

苏美尔人用削成三角形尖头的芦苇秆或骨棒、木棒当笔，在潮湿的黏土制作的泥版上写字，字形自然形成楔形，所以这种文字被称为楔形文字。为了长久地保存泥版，需要把它晾干后再进行烧制。这种烧制的泥版文书不怕被虫蛀，也不会腐烂，经得起火烧。楔形文字是苏美尔文明的独创，最能反映出苏美尔文明的特征。楔形文字对西亚许多民族语

图7

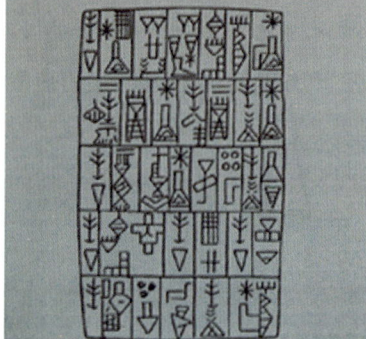

阿勒颇一景

言文字的形成和发展产生了重要影响。西亚的巴比伦、亚述、赫梯、叙利亚等国都曾对楔形文字略加改造，来作为自己的书写工具。楔形文字是世界上最早的文字，公元1世纪完全消亡。

楔形文字，也叫"钉头文字""箭头字"，古代西亚所用文字，多刻写在石头和泥版（泥砖）上。笔画成楔状，颇像钉头或箭头。约在公元前3000年左右，青铜时代的苏美尔人用泥板通过图画的形式记录账目。渐渐的这些符号演化为表意符号。楔形字原来是从上而下直行书写，后来改为从左而右横行书写。由于右手执笔，从左而右横写，楔形笔画的粗的一头在左，细的一头（钉尾）在右。楔形符号共有500种左右，其中有许多具有多重含义，其"准确含义"只能根据上下内容来确定。在两千年间，楔形文字一直是美索不达米亚唯一的文字体系。考古学家发现大批各种楔形文字泥板或铭刻，19世纪以来形成一门研究古史的新学科——亚述学。

◆亚述古城尼尼微

尼尼微位于底格里斯河上游东岸，与摩苏尔隔河相望，是伊拉克著名的古城遗址。尼尼微之名最早见于圣经，主要部分由库云吉克和奈比尤奴斯两座古丘组成。19 世纪中叶，遗址由英国考古学家莱亚德首次发掘出土，以后英国考古队曾组织多次发掘。20 世纪 50 年代伊拉克政府派遣考古队继续进行发掘和整理，并修复了部分城墙、城门和王宫，成为西亚的重要历史名胜之一。尼尼微在公元前 6000 多年就有居民，约在公元前 19 世纪至 18 世纪之交，沙姆希亚达德一世建立亚述王国，将尼尼微立为都城之一。此后，尼尼微日益发展，经过历代帝王扩建，逐渐成为亚述帝国的政治、经济中心，也是西亚地区商旅云集的贸易市场。

公元前 705 年，森纳谢里卜即帝位，尼尼微被定为亚述帝国首都，森纳谢里卜大规模兴建神庙和王宫，盛极一时。公元前 612 年，尼尼微被新巴比伦和米提亚联军攻陷，绝大部分城区化为废墟，城池被毁，尼尼微从此湮没。尼尼微周

围有周长 12 千米的城墙围绕，城墙有些地方宽达 45 米。古城共有 15 个城门，东部城墙最长，约 5 千米，有 6 个门；南墙长 800 米，只有 1 个门；西墙长 4 千米，有 5 个门；北墙长 2 千米，有 3 个门。发掘后重建了北墙的冥王之门、月亮女神之门、富饶神之门；西墙的运水人之门；东墙的太阳神之门等。并在冥王之门旁建立了亚述博物馆，陈列着许多出土文物和说明图表，反映了近 4000 年前亚述帝国兴衰的历史。

在库云吉克发掘出的森纳谢里卜的王宫，宫门前有两尊带翼公牛石像，犹如两个威武的门卫。门殿门厅等地装饰有大理石浮雕，描绘了古亚述人征战、狩猎、宴饮以及建筑劳动等情景，造型生动、逼真。在库云吉克还发掘出土了公元前 7 世纪巴尼拔国王时期的图书馆和宫殿。图书馆内保存有两万多片楔形文字泥版，包括宗教铭文、文

学作品、科学文献、历史记载和法令文书等。宫殿宫墙浮雕中的受伤牡狮和猎狮的场面也是亚述艺术的杰出代表。在奈比尤奴斯古丘上，有先知约拿的清真寺（祀庙），传说这里是先知约拿的葬地，寺内还留存着约拿的卧室用具。每年都有数以万计的穆斯林来此朝拜。

◆ 两河流域的乌尔城遗址

大约公元前3000年，苏马连人和阿卡德人在两河流域南部建设了一些城市。这些城市是建在农村公社的自然经济基础上的农村公社的中心。经考古发据，在乌尔等地发现了筑城遗址。乌尔城约建于公元前2000～2100年。20世纪20年代，英国考古学家伦纳德·伍利爵士在发掘乌尔城时，在金字塔形的神庙附近，伍利发现了古代乌尔城国王的陵墓。皇陵包括16个大墓，伍利称它们为"死亡地窖"，是苏美尔

美索不达米亚幼发拉底河畔

116

国王和王后的墓地。但是，王族成员并不是单独被埋葬地的，他们将朝臣和仆人们都一起带到了冥府。

考古学家认为，当国王和王后的尸首被放进墓室时，一长列的朝臣、仆人和乐师们也都进入了这个死亡地窖。他们身穿自己最漂亮的衣服，手捧黄金、珠宝和别的祭品。在陵墓中，他们饮毒后一排排有序地躺下等死。在一座皇陵中还发现了乌尔城皇家用品——一个空心的盒子，盒壁上描绘和平与战争的图案，是用贝壳和天青石制作出来的。在王后苏巴德的陵墓中，一个侍女的手指还停放在一把竖琴的琴弦上。在这个陵墓中有74名陪葬的仆人。考古学家认为，大约在公元前4500年，乌尔城还是美索不达米亚幼发拉底河畔刚刚建立起来的一个小村落。到大约公元前2500年时，它已经成了一个繁荣的城市，是位于美索不达米亚南部的苏美尔的首都。

乌尔城的城市平面为卵形，有城墙与城壕，有两个港口通往水面。城市面积为88公顷，人口约有34 000人。在乌尔城可以看到有厚墙围抱的宫殿庙宇和贵族僧侣的府邸高踞西北高地，而城墙外是普通平民和奴隶的居住地，分划明显，防卫森严。起着天体崇拜作用的山岳台（月神台）是夯土的，外贴一层砖，砌着薄薄的突出体。第一层基底面积为65×45米，高9.75米，有三条大坡道登上第一层。第二层的基底面积为37×33米，高2.50米。层层向上收缩，共计7层，总高约21米。顶上有一间不大的象征为神之住所的神堂。在这宫殿庙宇山岳台三位一体的土台上还布置了各种税收和法律等衙署、商业设施、作坊、仓库等，形成了一个城市公共中心。宫殿是四合院的，有若干院落组成。庙宇平面比较规整，一般是四方形平面，由厚实的土坯墙包围起来。城市除中央土台外，还

保留着大量更低、几处零星的居民点散居在耕地中。房屋密集排列，街宽仅3米左右，有利于阻挡暴晒的烈日。

◆ 土耳其古城哈图沙

哈图沙是古代赫梯王国的首都，位于土耳其首都安卡拉西北约145千米乔鲁姆省松古尔卢地区的勃尕卡尔村，在克孜勒河弯道环绕的区域。在公元前6000年这里已经有人类居住的痕迹，大约在公元前2000年，赫梯人已经在这里定居，公元前19世纪至前18世纪，亚述商人在这里建立了贸易点和居民区，考古发现有楔形文字的铭文开始引入到哈图沙。

赫梯王国位于小亚细亚半岛，讲赫梯语的哈梯人和公元前2000年代迁来的讲涅西特语的涅西特人共同创造了赫梯国家。赫梯王国公元前2000年代兴起于小亚细亚。小亚细亚是近东文明与爱琴文明联系的桥梁和纽带。亚述人曾经于公元前3000年代末至公元前2000年代初在小亚细亚建立了若干商业殖民地，

小亚细亚半岛

其中最著名的是卡尼什商业公社。赫梯国家的历史从库萨尔的统治者拉巴尔纳时开始。拉巴尔纳征服了小亚东部的地区，使赫梯国家的版图从地中海扩大到黑海。拉巴尔纳二世使北部叙利亚的阿拉拉赫臣服于自己。此时"赫梯"作为一个国家的名字开始用于表示整个赫梯人的国家。

拉巴尔纳二世死后，赫梯发生了所谓"王子们的奴隶的起义"，即被库萨尔征服的地区人民的起义。王亲贵族们在哈图什尔一世的继承者穆尔西里一世的联合下，镇压了这次起义，并迁都哈图什。他野心勃勃地把征服的矛头指向了两河流域南部，于公元前1595夺取并毁坏了巴比伦城。哈图什尔和穆尔西里两人的征服活动使赫梯国家成了当时近东地区的一个大国。公元前15世纪末至前13世纪中叶是赫梯历史上的新王国时期，正值赫梯王国最强盛的时期。这一时期编制了

《赫梯法典》。在国王苏庇路里乌玛一世统治时期，赫梯摧毁了由胡里特人建立的米坦尼王国的实力，攻占了米坦尼王国的首都瓦努坎尼。赫梯在新王国时期在叙利亚同埃及进行了争霸战争。在赫梯新王哈图西里二世执政时，赫梯同埃及的拉美西斯二世在公元前1283年缔结了和约。公元前1246年，国王哈图西里三世采取和亲政策，将自己的一个女儿嫁给埃及的拉美西斯法老。公元前13世纪末，"海上民族"席卷了东部地中海地区，赫梯王国亦被其肢解。公元前8世纪，残存的赫梯王国被亚述帝国所灭。

大约公元前1700年，哈图沙曾被烧毁，可能是被安尼塔国王攻陷的，他并立了一个碑文说："我在夜晚用武力攻陷这座城市，在这里撒播了杂草的种子，我以后如果有任何国王想重建哈图沙，必将会被天神所击垮。"从1906年开始，发现了许多楔形文字碑片，包括有

挖出来的"古代文明"

契约、法律、预言等，最重要的发现是大约在公元前1283年赫梯帝国和埃及法老拉美西斯二世的的和平条约，现在有一个复制品作为最早的国际和平条约范例放在纽约联合国总部。在这里已经发现了大约30 000件泥版文书，大部分存放在安卡拉和伊斯坦布尔的博物馆内。

考古知识小花絮

伊朗古城波斯波利斯

波斯波利斯，位于伊朗南部法尔斯省境内。该城位于一处山坡上，

波斯波利斯遗址

东邻库拉马特山，其余三面是城墙，城墙依山势而高度不同。城内王宫建于石头台基上，主要建筑物包括大会厅、觐见厅、宫殿、宝库、储藏室等。全部建筑用暗灰色大石块建成，外表常饰以大理石。王宫西城墙北端有两处庞大的石头阶梯，其东边是国王薛西斯所建的四方之门。大会厅在城市中部西侧，边长83米，中央大厅和门厅用72根高20余米的大石柱支撑。觐见厅在城市中部偏东，是有名的"百柱厅"。城西南角为阿尔塔薛西斯一世和薛西斯一世的王宫，东南角是宝库和营房。城中出土文物有浮雕、圆雕、石碑、金饰物、印章和泥板文书等。波斯波利斯是古代阿契美尼德帝国的行宫和灵都，兴建于大流士一世在位时的公元前518年。整个古城巧妙地利用地形，依山造势，将自然之地理形貌和人类之艺术精华完美的融汇在一起。

◆土耳其哥贝克力遗址

土耳其哥贝克力遗址位于安纳托利亚平原。这里是农业的摇篮，世界上最早的家猪发现于96千米之外的恰约尼遗址，绵羊、牛和山羊也最早驯养于土耳其东部，全世界的麦种都来自单粒小麦——最早种植于哥贝克力附近的山上，而世界最原始的谷物如黑麦和燕麦也都开始这里。哥贝克力遗址是一名库尔德族牧羊人于1994年发现的。目前考古学家已挖出45块"T"型巨石，逐渐拼凑出几个直径为5到10码的石头圆圈。但是有迹象显示，还有更多巨石未出土。考古学家透过仪器勘测确信，至少还有数百个巨石尚待挖掘。到目前为止，这些奇特巨石形成了一个非常棒的遗址——土耳其巨石阵。

考古专家证实，哥贝克力遗址于公元前1万年左右建造。相比之下，英国的巨石阵建于公元前3000

挖出来的"古代文明"

安纳托利亚平原

年，埃及的金字塔建于公元前2500年。哥贝克力遗址中具有着非凡考古价值的平顶T形巨石。大多数巨大石柱雕有奇特和精致的图案和纹饰，主要雕刻有野猪、野鸭、狩猎和娱乐的场面。盘旋的巨蛇是另外一个常见的图案。有的巨石上雕有小龙虾或者狮子。石头形状似乎是代表人形，有些甚至还有风格各异的"胳膊"，从侧面沿一定角度垂下。从功能上说，此遗址似乎是一处神庙和祭祀之地，就像西欧的石头圈。甚至有的考古专家认为，哥贝克力遗址就是《圣经》中提到的伊甸园的地方，更明确地说，哥贝克力遗址是伊甸园的一座神殿。如今，哥贝克力遗址因此成了世界上最古老的巨石遗址之一。总之，哥贝克力遗址记载了远古人类靠狩猎采集为生的文明历史。

北亚考古遗址

◆西伯利亚的塔施提克文化

塔施提克文化是南西伯利亚早期的铁器时代文化。分布在叶尼塞河中游米努辛斯克盆地、克拉斯诺亚尔斯克地区和克麦罗沃州东部。年代为公元前1世纪至公元5世纪，上承塔加尔文化，后发展成为6～10世纪叶尼塞的黠戛斯文化。20世纪20年代苏联考古学家捷普劳霍夫、吉谢列夫等主持发掘并进行研究，1929年由捷普劳霍夫根据塔施提克河畔的墓地而定名。塔施提克文化的居住址以基亚河沿岸的几处研究得比较清楚。其中米哈伊洛夫卡村

叶尼塞河一景

遗址，沿河分布长达2千米，建有几十座柱架结构的圆形房子，屋顶均以桦树皮苫盖。

塔施提克文化的墓葬发现较多，第一期墓有两种，一种是土葬小墓，地表一般无标志，通常葬一、二人，仰身直肢，头多向西南，常将死者环锯头骨取出脑髓而后制成木乃伊，并以皮革、草把制作的人像随葬；另一种是埋葬骨灰骨殖的集体葬大墓，地表有直径10～20米、高约1米的石环，或每边长5.6～15米的近方形的封土堆，每个墓的骨灰堆有几十个甚至百多个，墓室在最后封盖之前放火焚烧。第四期是地表建有方形石围墙的小墓，围墙高约40厘米，面积1～3.5平方米，墓穴无火烧痕，墓内只埋一个死者的骨灰。前两种墓葬中均有木椁，经常发现用高岭土制作的肖像面罩。广泛用弓、剑和短剑的木制模型随葬，集体葬大墓还常用人和动物的木雕像及小型马

具作随葬品。大墓中常见表现兽、畜、鸟、人等形象的造型艺术品，包括各种质料的圆雕、浮雕和牌饰，尤以表现一对反向马头的牌饰为多，可能是护身符。一至三期都出有绵羊距骨，其中有些刻有计数符号，当系用作骨牌或骰子的博具，有些记号根据推测为私人或家庭、氏族的印记。

塔施提克文化的陶器为手制，间或磨光，胎质颇粗，呈黑色、灰色或褐色。最有代表性的器形是圈足杯形器，高领、球腹、平底的"炸弹形"器，缸形器，有流无把的壶，附加穿孔器耳的悬挂器。主要纹饰有附加堆纹、押捺纹、戳刺纹、划纹。此外还出土有桶、瓢、勺、碟、碗、杯等木器，也有奁、匣等桦树皮容器。广泛使用铁器，除穿孔斧、锄、镰、铧等农具外，还有刀、箭、剑、短剑、马衔、马镫等武器和马具。青铜器则有饰牌、带扣和垂饰，以及推测为权标

的小型"斯基泰式"铜镞。衣物用粗毛织品、毡料、毛皮、皮革缝制，富人还穿绸衣。饰物有彩色玻璃和宝石的串珠、包以金叶的木制饰牌等。

塔施提克文化的经济基础是半游牧和犁耕农业。牧人饲养马、羊、牛；农人主要种黍，养鸡；山地居民则饲养驯鹿并用之于乘骑，也从事狩猎。集体葬大墓表明，当时的社会属氏族部落结构；而随葬品的差别及暴力致死的殉葬女奴，则充分反映出社会处于原始公社解体的最后阶段。此后，阶级分化日益加强，逐渐发展成为黠戛斯国。

考古知识小花絮

古国黠戛斯

黠戛斯，唐代西北民族名，地处回纥西北三千里，约当今叶尼塞河上游。汉作鬲昆、隔昆、坚昆；南北朝至隋称为护骨、结骨、契骨、纥骨；唐朝通称黠戛斯、纥扢斯；黠戛斯在契丹兴起并据有漠北时，称辖戛斯；辽朝在其地设有辖戛斯大王府；宋代称之为黠戛司；金代称之为纥里迄斯；蒙古人称之为吉利吉斯；清代称之为布鲁特。黠戛斯人赤发皙面，传说为汉代李陵之后。主要从事游牧，兼营渔猎。信仰萨满教，使用类似北欧的鲁尼字母拼写的文字。保持着相当浓厚的原始社会的残余。黠戛斯是今柯尔克孜族的先民。

唐初，黠戛斯属薛延陀汗国。648年，其首领失钵屈阿栈入唐，唐以

准噶尔遗址

其部为坚昆都督府，任失钵屈阿栈为都督，隶燕然都护府。后黠戛斯被回纥打败，为回纥属部。9世纪30年代末，回鹘汗国内乱，不久，黠戛斯发兵攻灭之。回鹘部众分数支南下和西徙。黠戛斯追击西迁回鹘部众，曾一度占领安西与北庭。此时黠戛斯可汗牙帐由睹满山（今苏联叶尼塞河上游萨彦岭）之北迁到睹满山之南；南邻吐蕃，西南连葛逻禄。845年，唐曾册立黠戛斯可汗为宗英雄武诚明可汗。西辽的西迁和13世纪蒙古的西征都影响到黠戛斯，促成部分黠戛斯人南迁。15世纪以后，黠戛斯人被准噶尔人驱逐出七河流域，迁到苏联中亚费尔干纳一带。18世纪中叶，清朝平定准噶尔，部分黠戛斯返回七河流域故居。

第四章

话说欧洲的考古遗迹

挖出来的 "古代文明"

　　欧洲从文化历史的角度来说，其具有明显的由南向北、由东向西的特点。比如，其文化主要由欧洲南部的古罗马、古希腊以及古地中海逐步向北传播、发展；其另一种文化主要是由亚洲大陆经过东部欧洲，逐步向西部传播、推进。与此同时，这种由东向西的推进还包含着来自于古老中亚、西亚地区的民族迁移。于是在这种多向的文化传播与交融中，而创造了欧洲文明。从总体上说，欧洲文化的原点在于地中海，这种浓厚的商业文化与海洋文化，也深深地影响了欧洲文明与欧洲民族的特点——喜好冒险、关注海洋、崇尚殖民主义、流行海盗之风。进而影响到在人类近代、现代、当代的行为。

　　从地理环境角度来说，欧洲文化具有明显的地域特性。比如东部欧洲基本属于平原，流行古老的游牧文化；南部欧洲则近邻地中海与古希腊、古罗马，具有一种历史的厚重感，崇尚文艺与浪漫；西部欧洲则近居大西洋，商业经济与海洋经济交织，属于一种典型的海洋性格，海盗气质明显；中部欧洲则身处欧洲内陆，农业为生，性格基本沉静、崇尚思考，具有浓郁的哲学气息；北部欧洲则近邻北极，同时属于冰岛文化，具有一种近似爱斯基摩人的刚毅。如此众多的性格与文化，不仅与地理环境联系众多，更塑造出了独具欧洲地域色彩的历史文明。因而在考古学上即表现出不同的文明遗存。本章我们即以欧洲考古为线索，来分别介绍诸如尼安德特人化石、特洛伊古城遗址、阿尔塔米拉洞窟、卡纳克石柱群、马耳他巨石神殿、冰人奥兹、迈锡尼古城遗址、庞贝古城遗址、德尔斐考古遗迹、希腊古城雅典、古罗马浴场、哈德良长城、哥贝克力遗址、迪米尼文化、纽格莱奇墓等历史遗迹。

东欧考古遗址

◆古希腊的迪米尼文化

迪米尼文化是希腊新石器时代晚期文化，以色萨利地区沃洛斯市迪米尼村而得名，年代约在公元前4000～前2800年。1903年，希腊考古学家C.特孙塔斯发掘。迪米尼文化的村落已有建于小丘之上的圆形防御建筑。迪米尼遗址的城堡长宽

迪米尼彩陶

均约百米，由外至内共有6道石砌围墙，一般高约2米，厚0.8米。各围墙之间有横墙阻断，其建造有明显的防御目的。最里一圈墙垣结构最为厚实，其内为一中央庭院，筑有一座典型的麦加伦型厅房建筑，是整个城堡中最重要的建筑物。它长11米，厅内宽约6米，门廊中有两根圆柱，大厅内有方柱和炉灶。研究者认为，迪米尼的这种城堡建筑当为迈锡尼文明的卫城和麦加伦厅房的前驱。

迪米尼文化的彩陶极为发达。彩陶在希腊新石器文化中期已经存在，但迪米尼彩陶尤以富丽著名。彩陶多用白、黑两色，衬以器壁的淡赭色，富于变化，图案有螺旋纹、回纹、粗细相同的带纹等，风格奔放。典型器物为双耳大水罐，往往在回绕器壁的带纹大花之间穿插以螺旋等图案，被认为是希腊史前彩陶的杰作。此外，陶器以刻纹等为饰。

迪米尼文化的经济农牧并重，牲畜有牛、羊和猪，农作物则有小麦、无花果、梨和豌豆，工具主要为带鹿角柄的石斧等。从彩陶花纹看，该文化和中巴尔干地区有一定联系，但过去认为迪米尼居民自中欧迁移而来则可能不确。现在学术界倾向于认为迪米尼文化系从希腊本土新石器文化中期直接发展而来。作为其彩陶特征的螺旋纹图案，则主要来自基克拉泽斯文化，但也接受了中欧和小亚细亚的影响。

其中，基克拉泽斯文化是希腊的青铜时代早期文化。因主要遗址多分布在基克拉泽斯群岛而得名，年代约在公元前3500～前1900年，可分3期。早、中期尚处于原始社会阶段，晚期受米诺斯文明影响，进入文明阶段。基克拉泽斯文化分布于群岛之间，海上交通和商业较发达。典型的青铜器是剑和匕首。其大理石雕像具有特色，一般只刻画身躯四肢、头部不刻眼、嘴，形象古拙，磨制晶莹光

基克拉泽斯群岛一景

洁，多表现大地母神，是希腊远古艺　术的杰出代表。

考古知识小花絮

巴尔干半岛

　　巴尔干半岛是欧洲南部三大半岛之一，位于南欧东部。西临亚得里亚海，东濒黑海，南滨伊奥尼亚海和爱琴海，东南隔黑海与亚洲相望，北以多瑙河、萨瓦河为界，西至的里雅斯特。巴尔干半岛包括阿尔巴尼亚、波斯尼亚和黑塞哥维那、保加利亚、希腊、马其顿等国家的全部国

挖出来的 "古代文明"

巴尔干半岛一景

土，以及塞尔维亚、黑山、克罗地亚、斯洛文尼亚、罗马尼亚、摩尔多瓦、乌克兰与土耳其的部分土地。巴尔干半岛是欧、亚联系的陆桥，南临地中海重要航线，东有博斯普鲁斯海峡和达达尼尔海峡扼黑海的咽喉。半岛西部有迪纳拉-品都斯山脉，中东部有喀尔巴阡-老山（巴尔干）山脉。半岛上平原分布零散。

巴尔干半岛历史悠久，是人类文明较早发祥地之一，南部是古希腊文化的发祥地。公元前2世纪以后，曾先后被罗马、拜占庭（东罗马帝国）、阿瓦尔（柔然）、奥斯曼土耳其等帝国所统治。公元4到7世纪，匈奴人、阿瓦尔人、伦巴第人、保加利亚人、罗马人以及斯拉夫各民族对半岛的统治权进行过激烈的争夺。奥斯曼帝国的统治长达500余年。从19世纪起，沙俄渴望打通南下地中海的通道，奥地利企图向南扩张通向亚得里亚海，英、法则要保护通往印度洋和远东的交通命脉，因而半岛成为俄、奥、英、法激烈争夺的地区，多次发生战争，有"欧洲火药库"之称。

◆古希腊特洛伊古城遗址

特洛伊也称"伊利昂"，是古希腊殖民城市。公元前16世纪前后由古希腊人所建，位于小亚细亚半岛西端赫勒斯滂海峡（即达达尼尔海峡）东南，即今土耳其的希萨利克。公元前13~前12世纪，颇为繁荣。公元前12世纪初，迈锡尼联合希腊各城邦组成联军，渡海远征特洛伊，战争延续十年之久，史称"特洛伊战争"，特洛伊也因此闻名。城市在战争中成为废墟，荷马史诗《伊里亚特》即叙述此次战争事迹。据传说，特洛伊城最后由希

特洛伊古城遗址

腊人用"木马计"攻破。距特洛伊城遗址不远，有一座博物馆，是土耳其目前唯一收藏特洛伊文物的博物馆。博物馆规模不大，陈列的文物寥寥无几，这是因为曾发掘出的大量珍贵文物，已被西方文物盗窃者窃走，其中包括普里阿莫斯国王的宝库和海伦的项链。

特洛伊是公元前16世纪前后为古希腊人渡海所建。特洛伊城遗址

特洛伊木马

的发掘，始于19世纪中期，延续到20世纪30年代。考古学家在深达30米的地层中发现了分属9个时期。从公元前3000年至公元400年的特洛伊城遗迹，找到了公元400年罗马帝国时期的雅典娜神庙以及议事厅、市场和剧场的废墟等等。这些建筑虽已倒塌败落，但从残存的墙垣、石柱来看，气势相当雄伟。这里有公元前2600～公元前2300年的城堡，直径达120多米，城中有王宫及其他建筑。在一座王家宝库中，发现了许多金银珠宝及青铜器，陶器以红色和棕色为主。此外还出土有石器、骨器、陶纺轮等。特洛伊城是一座被烧毁的城市的遗址，它的石垣达5米，内有大量造型朴素，绘有几何图形的彩陶和其他生活用具。

公元前9世纪古希腊诗人荷马的史诗《伊利亚特》叙述的"特洛伊木马计"就发生

在这里。故事的情节是：特洛伊王子帕里斯来到希腊斯巴达王麦尼劳斯官作客，受到了麦尼劳斯的盛情款待，但是，帕里斯却拐起了麦尼劳斯的妻子。麦尼劳斯和他的兄弟决定讨伐特洛伊，由于特洛伊城池牢固，易守难攻，攻战10年未能如愿。最后英雄奥德赛献计，让迈锡尼士兵烧毁营帐，登上战船离开，造成撤退回国的假象，并故意在城下留下一具巨大的木马，特洛伊人把木马当作战胜品拖进城内，当晚正当特洛伊人高歌畅饮欢庆胜利的时候，藏在木马中的迈锡尼士兵悄悄溜出，打开城门，放进早已埋伏在城外的希腊军队，结果一夜之间特洛伊化为废墟。荷马史诗叙述的这段事迹，成为西方国家文学艺术中传诵不绝的名篇。

考古知识小花絮

特洛伊木马

特洛伊木马的故事是在古希腊传说中，希腊联军围困特洛伊久攻不下，于是假装撤退，留下一具巨大的中空木马，特洛伊守军不知是计，把木马运进城中作为战利品。夜深人静之际，木马腹中躲藏的希腊士兵打开城门，特洛伊沦陷。传说，特洛伊王子帕里斯访问希腊，诱走了王后海伦，希腊人因此远征特洛伊。围攻9年后，到第10年，希腊将领奥德修斯献了一计，就是把一批勇士埋伏在一匹巨大的木马腹内，放在城外后，佯作退兵。特洛伊人以为敌兵已退，就把木马作为战利品搬入城

中。到了夜间，埋伏在木马中的勇士跳出来，打开了城门，希腊将士一拥而入攻下了城池。后人常用"特洛伊木马"这一典故，用来比喻在敌方营垒埋下伏兵里应外合的活动。

◆古希腊迈锡尼古城遗址

在欧洲人类文明发展历史上，古希腊罗马时代是第一个高峰。早在公元前3000年左右古希腊进入青铜时代。这一时期先后以希腊的克里特岛和大陆南端伯罗奔尼撒半岛北部的迈锡尼古城为中心形成了"米诺斯文化"和"迈锡尼文化"。以爱琴海地区形成的希腊上古文化，统称为"爱琴文化"或"爱琴文明"时期。

米诺斯文明，又称弥诺斯文明，最早出现于爱琴海地区的古代文明，出现于古希腊，迈锡尼

迈锡尼古城遗址

文明之前的青铜时代，约公元前3000年～前1450年，主要集中在克里特岛。米诺斯文明主要是海上的商人。最终为希腊大陆的迈锡尼人统治。"米诺斯文明"一名，来自古希腊神话中之克里特贤王米诺斯。米诺斯文明是欧洲最早的古代文明，也是希腊古典文明的前驱；以精美的王宫建筑、壁画及陶器、工艺品等著称于世。

迈锡尼古城遗址西北角的"狮子门"

迈锡尼文化是和克里特文化密切相关的，二者共同构成了爱琴文明。公元前15世纪至公元前12世纪，爱琴由克里特文化为主转入以迈锡尼文化为主。创造迈锡尼文化的是阿卡亚人，约公元前1600年前后阿卡亚人进入希腊中部和南部。迈锡尼是荷马时代一个最强大的希腊城邦，位于伯罗奔尼撒半岛。公元前1800百年左右，在希腊南部迈锡尼建立王国，对抗克里特获胜后，于公元前1400年左右，形成迈

137

挖出来的"古代文明"

锡尼文化盛期。

迈锡尼古城遗址西北角的"狮子门",为古城据险御敌之要冲。该门由独石建成门柱,上覆以巨石门楣,门楣之上又有一整块巨石并镌刻两头雌狮的浮雕,"狮子门"因此得名。雌狮子是迈锡尼宗教地母神的象征。庄严的浮雕形象给古城入口造成了一种威武肃穆、坚不可摧的氛围。进入城门就可看到城堡内的建筑,以当年迈锡尼国王的皇宫为主体,并设有圣火祭坛、国王的珍宝室、多座竖坑式墓穴和蜂窝式墓葬群。在荷马史诗中,迈锡尼古城是一座"黄金遍地""建筑巍峨""通衢纵横"的名城。从现有的刻石译文中证实,当年迈锡尼已形成完整繁华的城市体系,进入了奴隶社会。

考古知识小花絮

"米诺斯"名称的由来

"米诺斯"这个名字源于古希腊神话中的克里特国王米诺斯。在古希腊时代,米诺斯王已是传说人物。19世纪70年代初,德国考古学家先后发掘、迈锡尼城址等,证实古希腊传说确有其历史背景。1878年,希腊考古学家卡洛凯里诺斯在克里特岛发现的一部分——陶瓶储藏库房,开始称此为米诺斯王宫。20世纪初英国考古学家阿瑟·爱文斯在希腊诺索斯挖掘出古代的王宫遗址后,认为这就是传说中米诺斯的迷宫。出土的大量、遗物表明,克里特青铜文化确实是世界古代文明重要中心之一。在克里特岛还发现多处王宫和城市遗址，重要者有马利亚王宫遗址、古尔尼亚遗址等。因此，爱文斯将此遗址所代表的文明称为"米诺斯文明"。

◆古希腊德尔斐考古遗址

德尔斐考古遗址，即阿波罗神庙，为希腊古典时期宗教遗址。德尔斐考古遗址位于雅典西北方帕尔纳索斯山麓，遗址系阿波罗神庙所在地，以该庙的女祭司皮提亚宣示的神谕著称。阿波罗神所说的希腊圣地德尔斐，是翁法勒遗址，是"世界中心"。与它的壮丽的自然景色和充满着宗教含义相符合的是，早在公元前6世纪，它就已经成为宗教的中心和古希腊世界统一的象征。德尔斐有着所有希腊圣地中最重要的神殿。对古希腊人来说，德尔斐是国家的圣地、"神谕"所在之处。

从希腊的远古时代起，德尔斐

德尔斐考古遗址

就被认为是世界的中心，也是古希腊的宗教中心和统一的象征，又被称为"世界之脐"。根据希腊神话中的记载，据说阿波罗神庙是大神宙斯的双鹰从天涯两极飞来聚会的地方，因此被称为"欧姆法洛斯"希腊人在其正中立石为记，作为地球"肚脐"的标志耸立在神庙的前面。在此后的岁月中，这块石头不仅成为传说中的神物、当地最古老的崇拜物，也是德尔斐神谕的起源。德尔斐的阿波罗神庙始建于前7世纪，这座庙宇曾经在公元4世纪被烧毁，后来又重新改造，中间曾数度被毁，前370年到前330年最后一次重建。庙长约60米，宽约25米，东西端各有6柱，南北面各15柱，全用石料精制。

古希腊德尔斐考古遗址的阿波罗神庙区略呈方形，四周有墙。阿波罗神庙被希腊人视为世界中心所在，在古代崇拜极盛。由神庙区东部偏南的大门进入圣地，有"之"

字形大道沿山而上，可达于阿波罗神庙和露天剧场，此即古时所称之"圣路"，路两旁有希腊各邦为供神而兴建的"礼物库"、祭坛、纪念碑、柱廊等，包括从前6世纪到前2世纪的希腊各时代的建筑代表作，其中已部分修复的有雅典、锡夫诺斯、尼多斯等城邦的礼物库。

在阿波罗神庙和各邦礼物库中发现不同质地的众多雕像，其中著名的战车御者铜立像约作于前475年，是早期古典雕刻的杰作。另有一尊立于爱奥尼亚式柱头上的大理石有翼狮身人面像，形象别致。此外还发现有献神鼎、钵、碑志和铭文等，它们对研究希腊历史和文化有重要意义。另一处剧场是在4世纪建造的，此前它是一个进行双轮战车赛跑和角斗的大运动场，是全希腊保存最好的运动场。圣路两旁排列有纪念大事件的纪念碑，还摆放有各州城市为感谢阿波罗助战胜利所做的贡献而献上的雕像和礼物。

古希腊神——阿波罗

　　阿波罗是古希腊神话中最著名的神祇之一，希腊神话中十二主神之一，是主神宙斯与暗夜女神勒托所生之子，阿尔忒弥斯的孪生哥哥，全名为福玻斯·阿波罗，意思是"光明""光辉灿烂"。阿波罗出生于阿斯特利亚的一座浮岛提洛岛之上。曾与孪生妹妹阿耳忒弥斯一起，杀死了迫害其母的巨蟒和羞辱其母的尼俄柏及其子女。古希腊的雕刻艺术常借他的形象表现男性的美。通常阿波罗作为太阳神为一些人们所接受，但他并不是真正的太阳神。

　　阿波罗是光明之神，在阿波罗身上找不到黑暗，他从不说谎，光明磊落，所以也称真理之神。阿波罗很擅长弹奏七弦琴，美妙的旋律有如

中间为古希腊神

　　——阿波罗

挖出来的 "古代文明"

天籁；阿波罗又精通箭术，百发百中；阿波罗也是医药之神，把医术传给人们；而且由于他聪明，通晓世事，所以他也是寓言之神。总之，阿波罗为司掌文艺之神，主管光明、青春、医药、畜牧、音乐等，是人类的保护神、光明之神、预言之神、迁徙和航海者的保护神、医神以及消灾弥难之神；是希腊神话中最多才多艺，也是最美最英俊的神祇，是欧美男性美的典型。

◆希腊古城雅典

雅典是希腊首都，也是希腊最大的城市，位于巴尔干半岛南端，三面环山，一面傍海，西南距爱琴海法利龙湾8千米，基菲索斯河和伊利索斯河穿城而过。雅典是世界

古城雅典

上最古老的城市之一，历史长达3000多年。古雅典是一个强大的城邦，是驰名世界的文化古城，是柏拉图学院和亚里士多德讲学场所的所在地。苏格拉底、希罗多德、伯里克利、索福克勒斯、阿里斯托芬、欧里庇得斯、埃斯库罗斯都在雅典诞生或居住过，雅典也因此被称作"西方文明的摇篮"和民主的起源地。

雅典保留了很多历史遗迹和大量的艺术作品，其中最著名的是雅典卫城的帕提农神庙，是西方文化的象征。古城雅典的名称源于守护神——雅典娜，是智慧与正义战争女神。据说，雅典娜成为雅典的守护神和女神与波塞冬之间的争斗有关。当雅典首次由一个腓尼基人建成时，波塞冬与雅典娜争夺为之命名的荣耀。最后达成协议：能为人类提供最有用东西的人将成为该城的守护神。波塞冬用他的三叉戟敲打地面变出了一匹战马。而雅典娜则变出了一棵橄榄树，象征和平与富裕。因战马被认为是代表战争与悲伤，因此雅典就以女神的名字命名。

雅典是欧洲甚至整个世界最古老的城市之一，其历史可以追溯到3000多年前。公元前1000年，雅典成为古希腊的核心城市。从公元前9世纪晚期到8世纪初，雅典已有贵族的豪华墓葬，铁器和青铜生产也发展迅速，达到建立城邦，即早期的奴隶制国家的程度。梭伦是雅典城邦的第一任执政官，庇西特拉图是他的继任者。在他们统制时期，雅典工商业有显著发展。公元前5世纪成为西方文化的摇篮。雅典至今仍保留了很多历史遗迹和大量的艺术作品，其中最著名的是雅典卫城的帕提农神庙，是西方文化的象征。雅典是奥运会起源的地方。1896年曾举办过第一届夏季奥运会。2004年，第二十八届夏季奥林匹克运动会在雅典举行。

挖出来的 "古代文明"

苏格拉底像

公元前492年，希波战争爆发，波斯在几个大的战役中都遭到失败，直到公元前449年希波双方缔结和约，战争才结束。公元前431年6月，雅典和斯巴达之间的伯罗奔尼撒战争爆发，历时二十余年，以雅典失败告终。中世纪，雅典开始衰落，拜占庭帝国统治期间又得到复苏。在圣战期间，雅典由于和意大利的贸易往来而兴旺繁荣。在奥斯曼帝国统治期间，雅典再次衰落。19世纪，雅典成为独立希腊的首都。20世纪20年代，由于战争的爆发，大量来自土耳其安那托利亚的难民涌入雅典，使雅典的人口得以膨胀。

南欧考古遗址

◆ 马耳他巨石庙

　　建于5500年以前的马耳他巨石庙，是世界上最老的不需支撑的石头结构。这儿存在的史前自立石头结构要远比埃及的金字塔和石篱古老得多。作为马耳他在戈佐岛等地的著名历史古迹，马耳他巨石庙亦称为"马耳他巨石文化时代的神殿"或"属于巨石文化时代的马耳他的神殿"。在众多的神殿中，尤以杰刚梯亚神殿和

马耳它巨石庙群

挖出来的"古代文明"

哈格尔基姆神殿闻名于世。其中杰刚梯亚神殿是现存世界上最古老的神殿，其建筑结构之复杂，工艺之精湛，堪称奇迹。

在布列塔尼东南数千公里，沿着巨石文化时代留下的圆弧遗迹，在马耳它群岛的岛屿上，以及在马耳它和戈佐岛屿上，都可以看见巨大的岩石结构，这些岩石结构堪称巨石文化中最为复杂、结构最为奇特的古代岩石建筑。此外，该建筑属于纯粹的土著文化，迄今为止，它们没有掺杂一点外部文化。最初，这些建筑物被用做葬礼仪式举办之地。但后来，人们在此建立了专门进行朝圣的地方。

马耳他巨石庙群中有一个是哈尔萨夫利恩尼的地下建筑。该纪念遗址其实是一处墓地，里面有近7000具尸体，是在一个石灰石质的小山上凿出的。经历了几个世纪后，坟墓中的房间越来越多，通往新出口的新通道不断被凿出，最后整个遗址形成了一个有着3层33个房间的地下结构，成为一个名副其实的地下迷宫。在地下建筑的一个外室中，周围的岩墙上刻出了高大而雅致的柱子，有走廊通往该地下建筑的中心。在哈尔萨夫利恩尼地下建筑的礼拜堂中的一个小的赤土陶器中，人们发现了一个10厘米高的女神雕像。

考古知识小花絮

罗马万神殿

万神殿是至今完整保存的唯一一座罗马帝国时期建筑，始建于公元

罗马万神殿

前27~25年，由罗马帝国首任皇帝屋大维的女婿阿格里帕建造，用以供奉奥林匹亚山上诸神。公元80年的火灾，使万神殿的大部分被毁，仅余一长方形的柱廊，有12.5米高的花岗岩石柱16根。门廊顶上刻有初建时期的纪念性文字。现今的万神殿主体建筑是亚德里亚诺大帝于公元120~124年所建，为43.4米高的圆形堂，其内供奉罗马的所有神祇。公元609年万神殿被赠予教皇，随即改为天主教堂，更名为圣玛丽亚教堂。万神殿下半部为空心圆柱形，上半部为半球形的穹顶。万神殿内宽广空旷，无一根支柱，穹顶顶部开有直径9米的圆洞，这是整个万神殿内唯一的光源来源。万神殿内的七座壁龛，分别供奉战神和朱利奥·凯撒神明和英雄。万神殿内侧面的小堂，是拉斐尔、意大利国王埃玛努埃尔二世、翁贝尔托一世和他的妻子玛尔盖丽妲王后等重要人物的长眠之地。

挖出来的 "古代文明"

◆ 意大利的冰人奥兹

奥兹冰人是一具有5300年历史的木乃伊，他在一个冰冷的史前世界被谋杀。这具木乃伊所在的位置让人们推断：这个冰人不是因为意外死在那里的。除了《圣经》中记载的该隐谋杀亚伯案，它也许是最古老的谋杀案受害者。从1991年9月他被发现，一直以来在奥兹身上不断获得新的发现，总能引起广泛的关注。奥兹冰人的意义在于它出现在冰雪中，并且牵涉到一桩5300年前的谋杀谜案，因而在十大木乃伊排行榜中据第二名。现保存在意大利小城的木乃伊博物馆。冰人被发现时，已被阿尔卑斯山上的冰雪制成木乃伊。他的皮肤上的汗孔仍然清晰可见，甚至连眼球都保存完好。他有159厘米高，身上穿着由羊皮、鹿皮和树皮及草制成的三层服装，戴着帽子和羊皮护腿。他身旁还放置着一把铜制的斧头和一个装有14只箭的箭袋。

1991年9月，两名德国人来到意大利境内的阿尔卑斯山探险。在一个3048米的山谷中，他们发现了一具赤裸、扭曲，脸朝下躺在冰雪中的尸体。起初这两位探险者以为

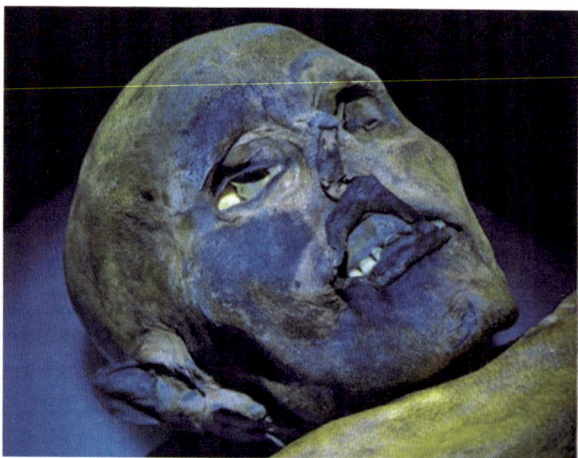

奥兹冰人

148

这冰人是一位发生意外的现代登山者。而科学家的研究发现，这并不是意外死亡的现代登山者，而是一件也许有着几千年历史的无价之宝。第一条线索是冰人携带的物品。他带着一把比他还高的弓，还有满满一袋箭。他还带着一种武器——那是一把斧头。X光片显示，这把斧头是铜制的，由此可知冰人是5000年前的古人。根据它被发现的地点，这个冰人被称为"奥兹"。它也许是在自然条件下形成的最古老的木乃伊。在他死后，雪把他掩埋了。他被迅速冻结，因此得以保存。奥兹的尸体在冰雪中沉睡了5000年以上。

在冰人被发现的最初9年里，每个月，意大利博尔扎诺的科学家都要把这具冰冻的尸体拉出冷柜。为了防止尸体腐烂，他们只研究20分钟，然后就把它放回冷柜。而在公元2000年，科学家彻底解冻了奥

奥兹冰人复原图

兹，以便弄清他的情况。瑞士和意大利科学家利用最新医学成像技术发现，"冰人"死于后背中箭引起的失血过多。高清晰的三维扫描图像显示，一个箭头在"冰人"左锁骨下面的一根动脉上撕开一个口子，从而造成大量失血，还诱发了心脏病。从事研究的苏黎世大学科

挖出来的 "古代文明"

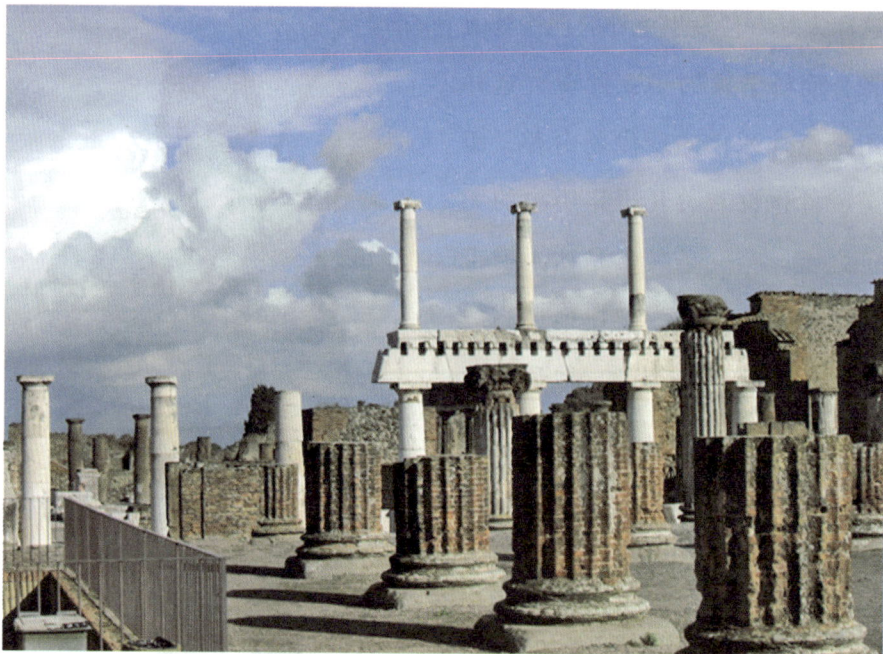

庞贝古城遗址

学家吕厄说，"冰人"中箭后，箭杆被拔出，箭头仍留在体内，但拔箭之举可能加重了伤势。这个发现澄清了围绕"冰人"死因的种种猜测。此前有人认为，"冰人"死于暴风雪，或死于某种祭祀活动。

◆古罗马庞贝古城遗址

　　庞贝是亚平宁半岛西南角坎佩尼亚地区一座历史悠久的古城，西北离罗马约240千米，位于意大利南部那不勒斯附近，维苏威火山西南脚下10千米处。西距风光绮丽的那不勒斯湾约20千米，是一座背山面海的避暑胜地，始建于公元前6世纪，公元79年8月，庞贝古城为维苏威火山喷发的一瞬间被火山灰埋在了地下，却因此而保留了大量古罗马帝国的建筑遗迹和艺术文物，成为世界上最为著名的古城遗址。

庞贝古城遗址挖掘始于1748年，至1960年完成。

公元1748年春天，一名叫安得列的农民在深挖自己的葡萄园，他高举锄头"哐啷"一声，好像掘到了一块巨石，但怎么使劲也拔不出锄头。他连忙喊弟弟、弟媳帮忙。众人扒开泥土和石块，发现锄头穿透了一个金属柜子，于是大家七手八脚把柜子挖出来，打开一看，里面竟是一大堆熔化、半熔化的金银首饰及古钱币。消息传开，在这片土地上种植葡萄的农民突然想起祖辈相传的关于庞贝失踪的传说，于是盗宝者蜂拥而至，尔后也引来一批历史学家与考古专家来这里考古。后来意大利政府根据专家们建议，于1876年开始组织科学家进行有序发掘庞贝古城。经过百余年的持续工作，终于将庞贝古城再现于世人面前。

庞贝古城其余部分还埋在地下。从1.8平方千米的土地上，可以看到用白色、青色巨石铺筑的大街小巷已达几十条。街巷方正整齐，小的约两米宽，大的四、五米宽，

庞贝古城遗址

仿佛是我国唐代的长安城。出土后的庞贝城城内面积1.8 平方千米，有城门七扇。城内四条大街，呈"井"字形纵横交错。主街宽7 米，由石板铺就，沿街有排水沟。城内最宏伟的建筑物，都集中在西南部一个长方形的公共广场四周，广场周围设有神庙、公共市场、市政中心大会堂等建筑物，这里是庞贝政治、经济和宗教的中心。广场的东南方，是庞贝城官府的所在地，广场的东北方则是繁华的集贸市场。另外，城内还有公共浴池、体育馆和大小两座剧场，街市东边则有可容纳1 万多名观众的圆形竞技场。

庞贝古城的每条人行道都比马路要高出一二十厘米。古罗马马车非常发达，中间的路面都留下了一道道很深的车辙，被磨低了一二寸深。在所有的交叉路口，与如今的斑马线一样，每条路口都设置着一块块凸起的约30厘米高的"隔车石"，当飞奔而来的马车临近交叉

路口看到"隔车石"，自然放慢速度，车辆只能从巨石夹缝中缓缓驰过。庞贝古城在许多街口和交叉巷口，有许多刻有浮雕的大石槽。石槽上的浮雕或神面、或兽头、或鱼嘴，它背后都连接着青铜管子，并有旋扭龙头。一旋，便有汩汩山泉流出，供行人饮用或洗涤。

◆古罗马浴场遗址

在古罗马，人们都喜欢沐浴，古罗马浴场规模之大实在惊人，大浴场首建于罗马首任皇帝奥古斯都，到帝政末期时，建立了阿格里帕大浴场和850个小浴场。据史学家吉朋记载，当时有个卡拉卡拉大浴场，占地124 400平方米，同时可供2300人入浴。罗马帝政初期比较重视整饬风纪，男女要分别入浴，入浴时间限定在白昼；可是到了帝政末期就变了，男女混杂，夜间也可共浴，浴场因此堕落为淫荡之地。当妓女入浴时，浴场就充斥了猥亵

古罗马浴场遗址

下流的语言与欢笑；甚至连良家妇女也公然在陌生的男人面前由奴隶伺候洗身，而毫无羞怯之意；调戏妇女和淫乱的事更是层出不穷。

公共浴场是古罗马建筑中功能、空间组合和建筑技术最复杂的一种类型。罗马共和时期，公共浴场主要包括热水厅、温水厅、冷水厅三部分。较大的浴场还有休息厅、娱乐厅和运动场。浴场地下和墙体内设管道通热空气和烟以取暖。公共浴场很早就采用拱券结构，在拱顶里设取暖管道。古罗马浴场遗址，全场用大理石砌成，用嵌石铺地；有壁画，有雕像，用具也不寻常。房子高大，分两层，都用圆拱门，走进去觉得稳稳的；里面金碧辉煌，与壁画雕像相得益彰。居中是大健身房，有喷泉两座。场子占地六英亩，可容1600人洗浴。洗浴分冷热水蒸气三种，各占一所屋子。古罗马人上浴场来，

153

挖出来的 **"古代文明"**

不单是为洗澡，他们可以在这里商量买卖，和解讼事等。罗马帝国时期，大型的皇家浴场又增设图书馆、讲演厅和商店等，附属房间也更多，还有很大的储水池。平面布局渐趋对称。

公元2世纪初，叙利亚建筑师阿波罗多拉斯设计的图拉真浴场确定了皇家浴场的基本形制：主体建筑物为长方形，完全对称，纵轴线上是热水厅、温水厅和冷水厅；两侧各有入口、更衣室、按摩室、涂橄榄油和擦肥皂室、蒸汗室等；各厅室按健身、沐浴的一定顺序排列；锅炉间、储藏室和奴隶用房在地下。以后的卡拉卡拉浴场、戴克利先浴场和君士坦丁浴场大体仿此建造。这几个浴场的主体建筑都很宏大。卡拉卡拉浴场长216米，宽122米，可容1600人；戴克利先浴场长240米，宽148米，可容3000人。它们的温水厅面积最大，用三个十字拱覆盖，是古罗马结构技术成就的代表作之一。在各种类型拱券覆盖下的厅堂，形成室内空间的序列。它们的大小、形状、高低、明暗、开合都富有变化，对以后欧洲古典主义建筑和折衷主义建筑有很大影响。

西欧考古遗址

◆尼安德特人化石

尼安德特人化石，简称尼人，常作为人类进化史中间阶段的代表性人群。通常将生存在距今约10～3.5万年的玉木冰期，广泛分布于欧洲、亚洲和近东的人类化石材料所代表的、形态上独特的居群称为尼人。在中国还被称为古人或早期智人。尼安德特人化石因发现于德国尼安德特河谷的人类化石而得名。关于典型尼人的消失有两种意见：一是认为尼人在当地进化为晚期智人；二是认为尼

尼人头骨

人的消失不是由于就地进化，而是由于较进步类型的新居民的侵入，取代了当地的尼人。尼人在分类上最初于1864年定为人属的单独的一个种，即人属尼人种。现在，尼人已被定为智人尼亚德特亚种，即尼安德特智人或早期智人。

最早发现的尼人化石是1848年出自直布罗陀的一个颅骨，但当时未被重视。1856年在德国杜塞尔多夫附近的尼安德特河谷的一个山洞里，发现了一具人骨化石（包括头骨和部分体骨）。这一发现引起

了激烈的争论。由于当时对早期人类的存在缺乏认识，许多学者怀疑尼安德特人是化石人类，以致把它当作是现代人的病态类型、最低能的人或者是古代野蛮种族的骨骼。因而尼安德特人在进化中的地位未得到肯定。争论持续了很长时间，直到后来在欧洲的许多地点又发现了更多的尼人类型化石，尼人作为介于直立人和现代人之间的一个阶段的人类（有人称之为"尼人阶段"）的地位才得以确立。

继尼安德特人化石发现之后最

155

挖出来的"古代文明"

为重要的发现是1908年在法国圣沙拜尔发现的人骨骼化石。著名的法国人类学家M.步勒研究了该化石，于1913年发表专著，称圣沙拜尔人化石为尼人类型的典型代表。除欧洲外，后来又在亚洲、非洲和近东发现了与欧洲尼人同时代的人类化石，被认为是尼人在其他地区的代表或称为类尼人，例如赞比亚的布罗肯山人，印尼的梭罗人等。发现于近东地区的斯虎尔人和卡夫札山洞的时代稍晚的化石，则被认为是尼人过渡到现代人的转变类型。人类学家豪厄尔斯主张上述化石都不属于尼人，他认为尼人只包括欧洲玉木冰期的化石，通常称为"典型尼人"，加上近东的塔邦人、沙尼达尔人和阿木德人。

◆ 西班牙阿尔塔米拉洞窟

阿尔塔米拉洞窟，位于西班牙坎塔布利亚自治区的桑蒂利亚纳·德耳马尔附近。这些岩洞在距今11000~17000年前已有人居住，一直延续至欧洲旧石器文化时期。1985年该洞窟被列入世界遗产名

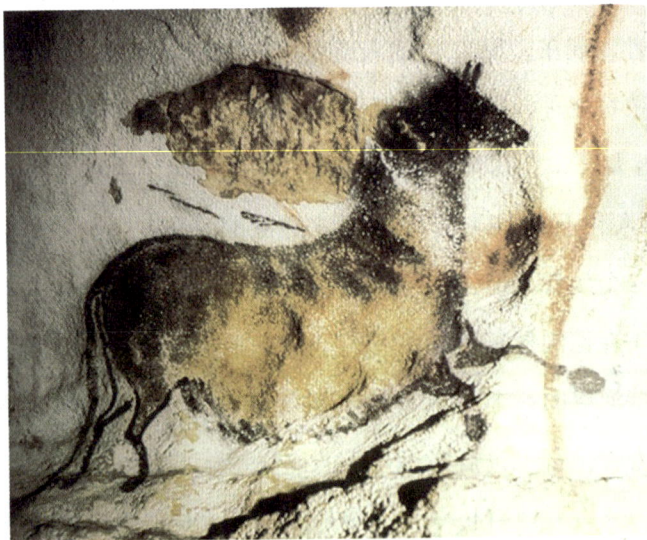

阿尔塔米拉洞窟壁画

录。是史前人类活动遗址。旧石器时代的奥瑞纳期、梭鲁推期和马德格林期先后有人类生活聚居在此。发现于19世纪下半期，制作年代稍晚于拉斯科洞窟。它包括主洞和侧洞，绘画大多分布在侧洞，即有名的"公牛大厅"。

1879年的夏天，西班牙考古学者桑图拉发现了阿尔塔米拉洞窟。他是第一个把该洞窟岩画的年代确定为旧石器时代的人。1879年，桑图拉带着小女儿再次来到阿尔塔米拉山洞寻找古代遗物。他专注于在地下发掘，无事可做的小玛丽雅东张西望，突然惊叫"爸爸看，这里有牛！"当父亲抬头顺着女儿的手指望向崖壁面时，发现洞顶和壁面上画满了红色、黑色、黄色和深红色的野牛、野马、野鹿等动物。其中最重要的是画在洞顶上的，长达15米的群兽图，共有20多头，动物的身长从一米到两米多。画法是先在洞壁上刻出简单而准确的轮廓，

然后再涂上色彩。

阿尔塔米拉洞窟的侧洞长18米、宽9米，顶部密布着18头野牛、3头母鹿、两匹马和1只狼。野牛有卧、站、蜷曲、挣扎等各种姿势。最突出的是长达2米的《受伤的野牛》。画中野牛四肢蜷缩在一起，头深深埋下，背则高高隆起，显示出因受伤而痛苦不堪的样子。造型基本写实，并带点夸张，显示出原始艺术家敏锐的观察力和丰富的想像力。与拉斯科洞窟不同的是，阿尔塔米拉洞窟壁画轮廓线比较细，而且有明暗向背的粗细浓淡变化，与色彩渲染结合紧密，通过动态表现动物身体的结构，明暗起伏更为丰富，甚至感情也更细腻，但却不如拉斯科洞窟壁画那样奔放有力。

窟顶画中有两只负伤的野牛，它们的身躯蜷缩成一团，外轮廓被处理为稳定的三角形状。而在细节方面，诸如抽搐的四蹄、甩动的尾部、斜刺如剑的双角、直竖的耳

挖出来的"古代文明"

阿尔塔米拉洞窟壁画

朵，都采用寓动于静的手法，把野牛处于生命的最后时刻，困兽犹斗的特点表现得惟妙惟肖。野牛倒在地上两腿无法站立起来，却低着头来保护自己，也是极为生动的一个画面，表现了动物的尊严与力量，及它为生命做最后一刻的挣扎。由此，原始艺术家敏锐的观察力，以及有活力的艺术表现手法，都一一得以体现。

阿尔塔米拉洞窟中除了一些非常写实的动物作品之外，还有许多抽象的图形。在大壁画中的动物形象的旁边有许多的划道和图形符号，有用浓重的红色画出来的，并且相当大。这种抽象的符号和图形同样存在于欧洲所有的旧石器时代的洞窟壁画中，可能都是体现原始人类企图征服野兽的愿望，与狩猎的巫术有关。

◆法国卡纳克石柱群

巨石古迹遍布欧洲各地，由南边的意大利伸展至北方的斯堪的纳

158

卡纳克石柱群

维亚，还包括不列颠群岛。不过规模最大的是位于法国西部布列塔尼的松林和石南荒原中的卡纳克。这里的石块不仅比欧洲其他地方多，而且分布范围也大，约有8千米长。卡纳克石阵主要由3组巨石组成：勒梅尼克、克马里奥和克勒斯冈，全在卡纳克北部。各组的排列大致相同，全部沿东西方向分行排列，各行间的距离不同，接近外缘即南北边缘的行距较密。每一行越接近东端，石块便越高，而且排得越密。偶尔有些石块并不排成直线，而是排成平行曲线。巨石的高度也参差不齐：最矮的在勒梅尼克西端，约高90厘米；最高的在克马里奥，高达700厘米。

濒临大西洋的城镇卡纳克，是法国布列塔尼半岛的一个神秘地方。在它郊外有一片片整齐排列的

挖出来的"古代文明"

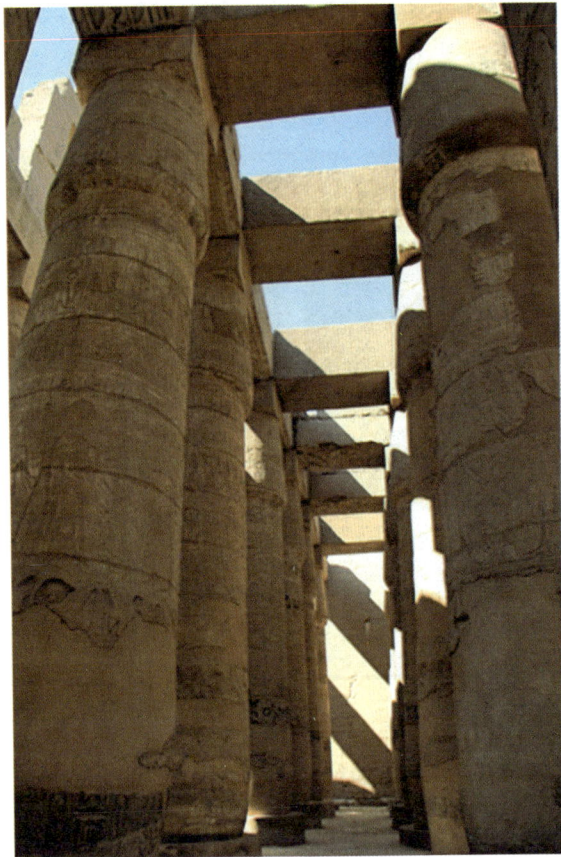

卡纳克石柱群

序。各组石阵都沿东西方向分行排列，越远南北，边缘行距越密，每一行巨石的大小和排列距离也并不均匀，每行越近东端，石块越高且排得越紧。石块排列以直线为主，也有排成平行曲线的。

据说，卡纳克石阵曾有石柱10 000根，如今仅存2471根。石阵被农田分为三片。位于卡纳克城北1.5千米处的勒芒奈克石阵，以11排向东延伸，共1099块石头，排列在长1千米、宽100米的矩形内，最高的巨石露出地面部分达4.2米。石柱行列稍有弯曲，柱与柱间距离不一。起点石柱高约4米，最高7米，愈往东愈低愈小。再向北走，过了一座古老的石磨坊界线，便进入克马里欧石阵，共10行，长约1.2千米。

石阵，在长达8千米的范围内到处是林立的巨石，这就是著名的卡纳克石阵，被英国考古学家海丁翰教授称为"比金字塔更神秘"的石柱群。卡纳克石阵穿行于庄稼、树林和农舍之中，石头的竖立并然有

160

与其相邻的克勤斯坎石阵，长约400米，共13行，每行都很短，共540块巨石，排成正方形。它的末端是一个圆形石阵，由39块巨石组成。

◆爱尔兰纽格莱奇墓

　　纽格莱奇墓，位于爱尔兰东北部的米斯郡，是博因河河曲地区的一座通道式坟墓，是爱尔兰最为著名的史前坟墓之一，是世界文化遗产博因河河曲考古遗址的一部分。纽格莱奇墓大约建造于新石器时代的公元前3200年左右，是由一群在博因河谷从事农业耕作的人类建造的。凯尔特人到来后，纽格莱奇墓被认为是他们的神的居所。博因河曲在凯尔特神话中经常出现。作为神的居所，纽格莱奇墓也被公元3世纪时的罗马人崇拜。

　　1142年，基督徒建立了梅利

博因河

161

挖出来的 "古代文明"

丰特修道院。纽格莱奇墓附近的土地成为了修道院的地产，这座坟墓和附近的小镇也得名于此。1699年后，墓室被打开，纽格莱奇墓成为重要考古遗址。但直到1962年，才对纽格莱奇墓进行了第一次科学的发掘。发掘之后，内部的通道被弄直，再附上了看不见的第二条通道，以减轻顶上石堆的压力，以免崩塌。原先用白色石英建成的正面被重建，用的是在遗址找到的石头。重建正面的高度和角度都是从倒塌的拥壁上测得的。

在纽格莱奇墓的入口上方，有一个像窗一样的开口。这个开口会产生一种奇特的现象。在冬至时，它可以让阳光照进墓室。一束狭窄的阳光穿过入口上方的开口，射入墓室。随着太阳的升高，光束越来越宽，最后整个墓室都充满阳光。结合天文学上的研究，从这个现象可以得知纽格莱奇墓的建造比埃及金字塔早约500年，比巨石阵早约1000年。这可能反映了建造者要表达新的一年的开端，或是生对死的胜利。每年冬至时，都会有人像几千年的人们一样，在墓中等待阳光的射入，要感受在一年最长的一个夜晚终于过去，太阳终于升起的场面。但往往由于天气原因而看不到这种奇特的现象。

北欧考古遗址

◆英国的哈德良长城

在英国的不列颠岛上，有一条有名的古长城的遗迹——哈德良长城，是罗马帝国在占领不列颠时修

哈德良长城

建的，从建成后到弃守，一直是罗马帝国的西北边界。哈德良长城代表了罗马帝国的富庶和强大。同时也传达了一个不言而喻的信息：罗马帝国无意挥师北进。哈德良长城加快了不列颠岛的和平进程。大量的军队在这里驻守，随之而来的，有各种各样的工匠、商贩，再加上部分随军家属，这些人大大带动了当地的经济。长城以北的人，也可通过关口进行交易。长城两边逐渐出现了不少的小城镇，见到了前所未有的繁荣。

公元122年，哈德良为防御北部皮克特人反攻，保护已控制的英格兰的经济，开始在英格兰北面

挖出来的"古代文明"

哈德良长城

的边界修筑一系列防御工事，后人称为哈德良长城。哈德良长城的建立，标志着罗马帝国扩张的最北界。哈德良长城从未发生过太大的战事，也没有太多的英雄传奇。随着罗马帝国衰落，哈德良长城383年终于弃守。476年西罗马帝国灭亡，不列颠长期陷于割据状态，这条罗马人强加的边界长城不再有任何意义。自然侵蚀和人为破坏，如大量石块被盗、长长一段被平整造路等，哈德良长城已成残迹。

哈德良长城遗址从东海岸泰恩河口，至西海岸的索尔韦湾，横贯不列颠岛的颈部，全长117千米，要过河，要通过大段不毛之地，先要克服地质方面的困难。建成时高约5米，2.5～3米宽，从西段开始，用草泥建造，后来全部改用石块，共用约75万立方米的石头，城墙上本来还有木栅，材料方面也是非同小可。城墙的南北两侧挖有壕沟，约3米深，9米宽。南壕沟离城墙较远，

164

两侧各有一道高土屯，高土屯与城墙之间有一条军用道路。北壕沟离城墙较近，可能更深更宽一些，两侧无高土屯。

哈德良长城每隔一罗马里（约为1481米），即建有一座里堡，每座里堡大概能容纳60人。在两座里堡之间有两座塔楼，作为哨所。如果有敌情，守卫者能很快地以火光为信号，并沿长城传递，如同中国长城的狼烟烽火。这样，一些军人驻守在长城上，但大部分军队驻扎在长城的南面。沿途建有16座要塞，里面有指挥部、营房、粮仓、医院、甚至庙宇等。一座要塞能容纳500到1000名士兵，这时哈德良沿线成了一万多军队的驻地。严格说来，哈德良长城和其他边境设施一样，也没能阻止罗马帝国的进一步扩张。

英国的巨石阵

165

挖出来的 "古代文明"

◆英国的巨石阵

　　距英国首都伦敦130千米的一个叫索尔兹伯里的地方，遗留下一个迄今为止仍难解其奥秘的建筑奇迹：几十块巨石形成一个大圆圈，高的达6米，每块重数十至数百吨，这就是英国的"巨石阵"。英国考古学家推测巨石阵是早期英国某宗教部落举行仪式的地点，或观测天象的地方。考古学家认为，"巨石阵"最早在4000～5000年前时就开始动工兴建了，工程前后延续了数百年。

　　专家认为，在公元前1500年，英格兰早期居民就停止在此地举办任何活动。直到距今2000年前，

英国的巨石阵

"巨石阵"似乎又重新发挥起某种功能来了。早在1923年曾从"巨石阵"地下挖出一具长1.70米的男性骨架。据分析，这名男子是被锋利的铁器从背后砍死的，其头部被全部砍掉。专家估计，此男也可能是公元前几百年时罗马帝国入侵英国时被砍死的，因为当时罗马入侵者对任何胆敢反抗的起义领袖均处以极刑。此外，在"巨石阵"中央的地下又挖出一个石头造的绞架。

考古学家认为，这些石阵有某种历法和宗教上的目的。巨石阵现在所剩下的石头大大小小约有三十八个。石头因为经过长时间的风吹日晒，表面产生了许多奇形怪状的凹洞。巨石阵排列成一个同心圆的型态，石块大致为长方形，但却直立在地面之上，高度超过3.9米。而在相邻的石块之上，还有另外一块石头横躺在顶部，或横跨两块，或四块，排列成一幅奇特的图案。组成石阵的石块，是一种产自威尔斯南部皮利斯里山的青石，距离石阵现在地点有386千米，这些巨大的石块是在冰河时期藉由冰河运送至此。

整个巨石阵的结构是由环状列石及环状沟所组成，环状沟的直径将近100米，再距离巨石阵入口处外侧约30米的地方，有一块被称为"席尔"的石头单独立在地上，如果从环状沟向这块石头望去，刚好是夏至当天太阳升起的位置，因此部分的学者认为巨石阵应该是古代民族用来记录太阳的运行。1963年，天文学教授霍金斯认为巨石阵事实上一部可以预测及计算太阳和月亮轨道的古代计算机。

霍金斯认为，巨石阵中几个重要的位置，似乎都是用来指示太阳在夏至那天升起的位置。而从反方向看刚好就是冬至日太阳降下的位置。除了太阳之外，月亮的起落点似乎也有记载。不过月亮的运行不是像太阳一样年年周而复始，它有

挖出来的 "古代文明"

一个历时十九年的太阴历。在靠近石阵入口处有四十多个柱孔，排成六行，恰巧和月亮在周期中到达最北的位置相符，所以六行柱孔很有可能代表六次周期，也就是六个太阴历。因而巨石阵就是一部可以预测及计算太阳和月亮轨道的古代计算机。

第五章

搜寻美洲的考古遗迹

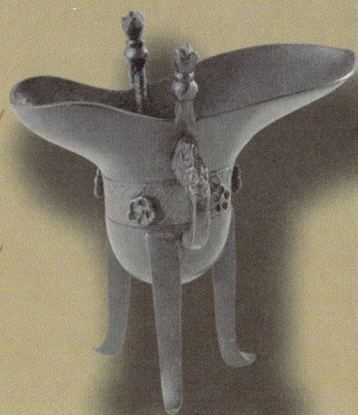

挖出来的"古代文明"

　　美洲是南美洲和北美洲的合称，也是"亚美利加洲"的简称，又称新大陆，位于西半球的北部。东滨大西洋，西临太平洋，北濒北冰洋，南以巴拿马运河为界，同南美洲分开。大陆东至圣查尔斯角，南至马里亚托角，西至威尔士王子角，北至默奇森角。1499年至1504年，意大利探险家亚美利哥到美洲探险，到达了南美洲北部地区。他证明1492年哥伦布发现的这块地方只是欧洲人所不知道的"新大陆"，而不是印度。后来意大利历史学家彼得·马尔太尔在他的著作中首先用新大陆称呼美洲。德国地理学家华尔西穆勒在他的著作中以亚美利加的名字称这块大陆为亚美利加洲，一直沿用到今天。美洲分为东部地区、中部地区、西部地区、阿拉斯加、加拿大北极群岛、格陵兰岛、墨西哥、中美洲和西印度群岛九区。

　　美洲是一个富有文化气息的洲际。其中富有代表性的古代文化主要是玛雅文化、阿兹特克文化和印加文化，这些文化为美洲的考古历史留下了丰富多彩的文明遗迹。本章我们就来分别介绍一下诸如奥尔梅克文明遗迹、玛雅古城科潘遗址、纳斯卡线条、最后的城邦奇琴伊察、复活节岛巨石人像、昌昌古城遗址、印加古城库斯科、云中之城马丘比丘、特诺奇蒂特兰城、"水果"木乃伊、哥斯达黎加巨型石球、伊卡石刻、阿纳萨齐文化等美洲考古遗迹。

北美洲考古遗迹

◆美国的阿纳萨齐文化

阿纳萨齐人是美国西南部的古代居民。远在哥伦布踏上美洲大陆之前，他们就在以"四角"著称的贫瘠之地（犹他、科罗拉多、亚利桑那和新墨西哥州交界的地方），创造了高度的文明。阿纳萨齐人作为一个编筐人的社会第一次出现在美国西南部，大约是在公元前100年。他们发展了杰出的纺织技术，此后步入了一个以"编筐文化"著称的时期。公元400年左右，阿纳萨齐人开始居住在半地下的地穴式永久性住所里。

阿纳萨齐人在继续编筐的同时发展了制陶技术，成为美国西南部第一个制造各种形状和大小陶器的民族。公元700年后，阿纳萨齐人创造了以"崖壁上的城镇和公共住所群"为象征的高度文明。其中，以位于新墨西哥州的普韦布洛博尼托和位于科罗拉多的梅萨弗德著称。普韦布洛博尼托拥有800套公共住所，其中许多至今仍巍然屹立在崖壁上。阿纳萨齐人的建筑学和营造技术是印第安文化中的一颗璀璨明珠。公元1300年，阿纳萨齐文明突然开始衰落。

阿纳萨齐文化是一种北美文明，始于公元100年，主要集中在美国的亚利桑那、新墨西哥、科罗拉多及犹他等州的交界地区，分为古典普韦布洛时期（1050-1300年）、退化的普韦布洛时期（1300-1700

阿纳萨齐风景

年）、现代普韦布洛时期（1700年至今）。阿纳萨齐文化由印第安人创造，当他们开始定居于此时，已掌握精巧的编筐技术，种植玉蜀黍及南瓜，穴居或住在以木柱砖坯筑成的屋内。村庄或由洞穴组成，或在旷野聚居，常联成一线或新月状。在远古普韦布洛时期，建成直线形或新月形多重房舍，石工开始取代早先泥、木结构。地窖成为地下礼堂，地上房屋用作居室。陶器

形式多样，加工精细，装饰美观。

古典普韦布洛时期，阿纳萨齐文化为崖房时期，村落聚于悬崖表面凹陷处，上有天然岩棚。同时期也有大型独立式建筑，形如公寓，沿峡谷或高坪之壁构筑。许多住所拥有2层、3层乃至4层。制陶技艺达到新的水平。棉纤维和丝兰花纤维精巧地织成衣物、毯子及席、垫等。退化的普韦布洛时期的居民以向南向东迁徙为其特征，到达亚利

桑那州的格兰德河流域以及白山山脉一带。新的村落较古典普韦布洛时期的村落大，但建筑较拙劣、粗糙。现代普韦布洛时期，其时西班牙势力开始渗透到美洲。普韦布洛文化开始衰落。

◆ 墨西哥奇琴伊察古城

　　"奇琴"意为"井口"，天然井为建城的基础。奇琴伊察古城遗址位于墨西哥尤卡坦州南部。南北长3千米，东西宽2千米，有建筑物数百座，是古玛雅文化和托尔特克文化的遗址。奇琴伊察在公元600年左右即玛雅古典时期中期是当地的重要城市，但其最大的发展和影响力巅峰则出现在中部低地和南部玛雅城市衰落之后。玛雅史料记载

格兰德河流域

奇琴伊察古城

1221年发生了大规模的起义和内战，考古学证据也显示市场和武士神庙的木制屋顶在大约这一时间被烧毁。奇琴伊察随着尤卡坦的统治中心移往玛雅潘而开始衰落。

奇琴伊察古城的"奇琴"现有公路把它分为两半。南侧老奇琴伊察建于公元7至10世纪，具有玛雅文化特色。尤卡坦半岛没有多少地面河流，因此，奇琴伊察当地三个终年提供充足水源的溶井使之成为了天然的人口中心。其中两个溶井至今存在，其中一个就是著名的具有传奇色彩的"献祭之井"。玛雅雨神恰克的信奉者将其视为圣地，并将玉、陶器和熏香被投入圣井中作为对恰克的献祭，在大旱的时候偶尔还会使用活人献祭。圣井很久以

174

来就是尤卡坦地区的朝圣地。

奇琴伊察古城有金字塔神庙、柱厅殿堂、球场、市场和天文观象台，以石雕刻装饰为主；北侧新奇琴伊察为灰色建筑物，具有托尔特克文化特色，有库库尔坎金字塔、勇士庙等，以朴素的线条装饰和羽蛇神灰泥雕刻为主。其著名建筑物主要有：一是卡斯蒂略金字塔。又称羽蛇神金字塔、城堡、玛雅金字塔、墨西哥金字塔，雄居于奇琴伊察的正中，是为羽蛇神而建的神庙。金字塔的地基呈方形，四边依阶梯上升，直至顶端的庙宇。在春季和秋季的昼夜平分点，日出日落时，建筑的拐角在金字塔北面的阶梯上投下羽蛇状的阴影。二是武士神庙。武士神庙是按照托尔特克首都图拉的神庙而建，是一个阶梯状

金字塔顶的石头建筑，内部的支柱被刻成武士的形状。金字塔阶梯顶端通往神庙入口处有查克莫天使的祭坛雕像。武士神庙旁边是由柱子围绕的广场——"大市场"。三是大球场。大球场在奇琴伊察一共有7个中美洲蹴球球场，其中金字塔西北150米左右的球场最为引人注目。这是古代中美洲最大的球场，有166米长，68米宽。球场内部两侧排列着雕刻着球员形象的石板，输球一方的队长被斩首用于祭祀。球场的一面外墙上建有美洲虎神庙，上面有另一个美洲虎王冠。因为在地下掩埋了一千年，上面的红漆以及镶的玉点都已经消磨不见了。球场旁边是一个露天平台，侧面装饰着骷髅浮雕。

挖出来的"古代文明"

羽蛇神

羽蛇神是一种会飞的蛇的形象或图腾。羽蛇神是墨西哥古代印第安人崇拜的神，掌管雨水和丰收。蛇身长有鸟羽。鸟和蛇象征天和地、精神与物质的交会融合，暗示着宗教信仰的渊源。位于墨西哥阿兹特克帝国的奇琴伊察古城遗址大广场上有一个库库尔坎金字塔。"库库尔坎"是玛雅语，意为"羽蛇风神"。库库尔坎金字塔从下到上有9层，高达30米，塔基为四方型，越往上越小，四周各有91级台阶通向塔顶平台上的神庙。金字塔北面塔基下有一条通道通向塔的里面。塔内顶端也有一个神庙，里面有只美洲豹的石头雕像。库库尔坎金字塔的东面是勇士庙。勇士庙建在一座四层的金字塔上，它的入口处是一个用巨大石头雕成的仰卧人形像，古玛雅人称它"恰克莫尔"神像，它的后面是两个张着大嘴的羽蛇神。羽蛇神头部的造型和中国的龙非常相象。因而一些学者认为，墨西哥印第安人的祖先可能来自中国，中墨两国的古代文明可能有某种联系。

◆特诺奇蒂特兰城

阿兹特克族是古代墨西哥文化舞台上最后一个角色，创造了辉煌的阿兹特克文明。阿兹特克族是北方贫瘠而居无定所的狩猎民族，后来侵入墨西哥谷地，征服了原有的居民托尔特克人。阿兹特克人的辉煌文明最后毁于西班牙殖民者之手。关于阿兹特克族的定居有一个有趣的传说。受他们的保护神的启

特诺奇蒂特兰复原图

示，神灵让阿兹特克族去寻找一只鹰，它栖身在一株仙人掌上，口中还衔着一条蛇，找到之后就应该在那里建造城市。最终阿兹特克人在墨西哥谷地的特斯科科湖中的一个小岛上找到了这只鹰，于是他们就在这里建立了著名古都——特诺奇蒂特兰，意即"仙人掌之地"。今天墨西哥的国徽就是根据这个传说而来。

特诺奇蒂特兰城是阿兹特克帝国首都，1521年被西班牙征服者科尔特斯攻破。这座辉煌的印第安古城在中美洲印第安历史上具有神话般的起源传说。在16世纪西班牙入侵之前，特诺奇蒂特兰作为阿兹特克帝国的中心，拥有人口20～30万，是当时世界上最繁荣的城市之一。阿兹特克人是爱美的民族，他们非常注意装饰自己的外表。男人一般都披挂宽大的斗篷和绶带，女人则穿拖地的长袍。他们的衣服有

177

棉布的，但大多数是用野鸡、鹦鹉、蜂鸟等珍贵的鸟的羽毛编制而成的。阿兹特克人不论男女都佩带头饰、手镯、脚镯和耳环等一系列饰物。这些饰物一般是用金银和珠玉做成的。

特诺奇蒂特兰城的房屋，有用泥砂砌成的，也有高档的用石块建造的，还有两层的楼房。而在这些房屋的顶上多种满了花草，犹如一个个的 "空中花园"。城内有两个主要的广场，一个是特拉尔特洛尔科庙广场，另一个是真正称为特诺奇蒂特兰的宗教中心广场。在特诺奇蒂特兰最具有特色的要属它的人工岛。在特斯科科岛上，由于帝国的不断发展，人口猛增，而小岛的面积又非常有限。为此阿兹特克人在岛屿的四周建了很多的人工岛。他们先是在沼泽地建运河，然后建

墨西哥风光

178

起挡土墙，在墙内放入一些腐败的植物，并定期的将运河底的沃土补充到墙内作为表层。人工岛的四周则种上树来防止水土流失。人工岛上用来种植玉米等作物。这种人工岛被西班牙人称为"水上花园"。

特诺奇蒂特兰城古城后来在西班牙殖民者的侵略下付之一炬。以后墨西哥人民在特诺奇蒂特兰的废墟上建立了墨西哥城。现在，这座城市的遗迹不断从墨西哥城的地底下挖掘出来。在墨西哥城国立人类学博物馆的阿兹特克纪念碑上刻着这样一段铭文："只要这个世界可以延续存在，阿兹特克人所创造的特诺奇蒂特兰这一名城的声威和光荣，就永远不会消失。"

考古知识小花絮

水果造就的木乃伊

在哥伦比亚首都西南部75千米的圣波尔纳多乡村公墓，当一群墓地工人掘开当地一些普通的陈旧棺材时，他们惊呆了：棺材里的尸体并没有像他们想象的那样腐烂不堪，而是已经完全木乃伊化了，并且这些木乃伊的头发、牙齿和指甲都还保存完好。40年来，已经有超过150具这样的木乃伊在圣波尔纳多被发掘出来，它们被存放在一个被戏称为"木乃伊万神殿"的土窖里。经过多年研究，考古学家认为，死亡者生前都吃过一种名叫"古亚提拉"的水果——当地特有的一种外表多刺的浆果，里面有一种特殊的化学成分，据说可以防止尸体的变质和腐烂。

挖出来的 "古代文明"

中美洲考古遗迹

◆古老的奥尔梅克文明

奥尔梅克文明是已知最古老的美洲文明，存在和繁盛于公元前1200年到公元前400年的中美洲。奥尔梅克文明的发祥地位于今墨西哥的维拉克鲁斯州和塔巴斯科州，西起帕怕洛阿潘河，东至托纳拉河。这一带西部为洪泛区，东部为沼泽

奥尔梅克巨石雕像

地，气候炎热多雨，河流众多，橡胶树成片，因此当地居民被称之为"奥尔梅克人"，意为"橡胶之乡的人"。奥尔梅克文明于公元前1200年左右产生于中美洲圣洛伦索高地的热带丛林当中。圣洛伦索是早期奥尔梅克文明的中心，在繁盛了300年后，于公元前900年左右毁于暴力。其后奥尔梅克文明的中心迁移到靠近墨西哥湾的拉文塔。奥尔梅克文明最终在公元前400年左右消失。

奥尔梅克文明影响了大量的中美洲文明。奥尔梅克文明的许多特征，如金字塔和宫殿建造，玉器雕琢，美洲虎和羽蛇神崇拜也是后来中美洲各文明的共同元素。一些学者针对奥尔梅克文明，提出殷人东渡美洲论，认为奥尔梅克文明突然出现以及奥尔梅克艺术风格，和中国殷商时代的艺术惊人相像。从而认为奥尔梅克文明是由来自中国商朝的移民创造。比如，奥尔梅克有

大量的小雕像，这类雕像在殷商考古中很常见。另外，少昊是印第安人和东亚共同的神。由《左传》郯子的叙述以及山东、韩国的考古发现可知，少昊为凤鸟图腾。印第安人对凤鸟的具体形象有不同解释，与羽蛇神的分合也有不同做法。但可以推断，奥尔梅克人与殷商人同样纪念少昊。而且奥尔梅克文明中的玺印为圆柱形，涂上油墨，可以在纸、衣服上滚动，拓下图画。这种方法后来被玛雅人沿用。

奥尔梅克文明分为圣洛伦佐文化、拉文塔文化和特雷斯·萨波特斯文化。圣洛伦佐文化最早，出现于公元前1200～前900年间；拉文塔文化出现于公元前900～前600年；特雷斯·萨波特斯文化出现最晚，约为公元前500～前100年。这三个文化点组成的奥尔梅克文明的影响遍及整个中部美洲地区。中美洲其后出现的玛雅文明、阿兹特克文明以及其他各种文明都与奥尔梅克文

挖出来的"古代文明"

金字塔

明有很深的渊源。奥尔梅克文明的主要特征包括：巨石建筑——金字塔、巨石雕像、小雕像、大型宫殿、尚未破译的文字体系、玉器、美洲虎、羽蛇、凤鸟崇拜、橡皮球游戏等。奥尔梅克人已经有了象形文字，与玛雅文字有相似之处。奥尔梅克人创造了大量建筑和雕塑作品，用石头建造巨大的宫殿和金字塔，在玉石上进行精美的雕刻，制作了大量的陶器。

奥尔梅克人最著名的艺术作品莫过于"奥尔梅克巨石头像"。这些在花岗岩上雕出的高达3米的巨大人头像显示了奥尔梅克人高超的技术水平。人头像都带有古怪的头盔，人脸具有非洲人的面部特征。除了雕刻出巨型石像外，奥尔梅克人还用绿玉或黑玉雕出许多小型的人像、动物形象或一些小雕像；喜

182

欢用翡翠绿玉做各种珍贵的礼器、宗教用具和装饰品，这是奥尔梅克文明的一大特色。在玉雕作品中，最常见的是一个带有美洲豹头部特征的神像，学者称之为"豹人"或"豹娃"。美洲豹是奥尔梅克人崇拜的主要天神。奥尔梅克人还制作陶器，主要以灰黄色粗砂陶为主，器形较厚，表面一般没有什么装饰。公元前1000年～公元前800年，出现了具有玛雅文化特征的黑色陶器。奥尔梅克人主要崇拜半人半美洲虎的神，也崇拜羽蛇神。

南美洲考古遗迹

◆古老的印加文化

印加文化是南美安第斯地区印加帝国统治时期的印第安人文化。"印加"，意为"太阳之子"。印加文化的年代为15～16世纪，分布于厄瓜多尔、秘鲁、玻利维亚、智利北部及阿根廷，中心在秘鲁南部的库斯科地区。印加族原为居住在秘鲁南部高原的部落。其最早的统治者曼科·卡帕克于1000年左右带领部落来到库斯科，后来逐渐扩展，占领整个库斯科河谷。15世纪在帕查库提·印加·尤潘基及其子图帕克的领导下，建立起中央集权的奴隶制帝国，疆界北起南哥伦比亚，南至智利中部。1530年，图帕克之孙瓦斯卡和阿塔瓦尔帕争位，阿塔瓦尔帕击败其兄，取得王位，国力大大削弱。1532年西班牙殖民者侵入印加帝国，次年诱杀了阿塔瓦尔帕，印加帝国灭亡。

印加人以人体各部分的长度

作为测量的标准。最小的长度单位是人手的一个指距。印加人的文字处于萌芽阶段，有一些"图画文字"，用来记事和传递消息的是称为"基普"的结绳文字。印加人的医学很发达，能制作木乃伊。印加帝国的宗教信仰以太阳崇拜为中心，相信他们的君主是太阳神的后裔，并且也被当作神来崇拜。黄金，作为太阳神的象征，被广泛开采。印加的大神是掌管自然力的太阳神和月神，其他重要的神还有雷神和虹神。在众神之上的是Viracocha，他是太阳神和月神的父母。印加人认为他是命运和无形世界的统治者，他在天堂的住所是一个黑暗的世界。

印加人重视农业，主要作物是玉米和马铃薯。他们在坡地上修筑带石砌护墙的梯田，建造了复杂的

印加古道风景

灌溉系统。他们在山顶种植耐寒的土豆和谷物。在山腰种植豆子和玉米。在山脚下种植水果和胡椒。印加的手工业主要有制陶、纺织和金属加工。印加文化的彩陶继承莫奇卡文化的传统，常见的器形有双耳小口尖底瓶、敞口直筒杯、单柄浅碟、单柄小口壶等，造型优雅，图案有动物纹和几何纹，色彩绚丽。棉毛织品图案丰富多彩。印加人还长于金属冶炼和加工，已能开采金、银、铜、锡等金属。库斯科太阳神庙中的金制巨形太阳盘是印加人装饰艺术的杰作。

印加人善于根据所在处实际的地形而建造与之相配的建筑。这些建筑往往由切割整齐的石块建成。门口和壁龛向内会逐渐向上倾斜。大部分的屋顶也逐渐向上伸展以适应上升的山脉地势。印加建筑显示出高度的实用主义风格。印加城市的设计建立在一个被较小的街道分割开的宽阔林荫道的基础上，较小的街道最终又会聚于一个被建筑物和庙宇排列成的开放的广场。印加房屋常常是单层。为了建造一些巨大的纪念碑，常用巨大的尺寸极为精确的多边形石块拼接在一起构成。

◆秘鲁南部的纳斯卡线条

秘鲁南部的纳斯卡地区，存在着一个2000年的谜局：一片绵延几千米的线条，构成各种生动的图案，镶刻在大地之上。"纳斯卡线条"分布在秘鲁南部一块完整的地域上，北由英吉尼奥河开始，南至纳斯卡河，面积达200平方英里。1926年的一天，美国人考索克夫妇来到秘鲁南部的纳斯卡高原上，眺望着绵延数英里的纳斯卡线条。在广阔的沙漠上，上千条线条指向各个方向。他们被纳斯卡沙漠这些像机场跑道一样的线条深深地吸引住了。考索克夫妇的发现，震惊了全世界的考古学界，考古学家们陆续来到纳斯卡高原，他们不仅发现了更多的直线条和弧线图案，在沙漠地

挖出来的 "古代文明"

纳斯卡线条

面上和相邻的山坡上，人们还惊奇地发现了巨大的动物形体，这使得那些图案变得更加扑朔迷离，诸如：一只45米长的细腰蜘蛛，一只大约300米的蜂鸟，一只108米的卷尾猴，一个巨大的蜡烛台在俯视着大地。

纳斯卡线条图是一种巨形的，镂刻在纳斯卡山谷的潘帕·因哈尼奥荒漠中的一些奇怪的超大图形。有直线形、几何图形，还有飞禽走兽等各种各样的图形。在地面上，它们似乎像在暗红色的砂砾上一条条弯弯曲曲的小径。由于图案十分巨大，只能在三百米以上的高空，才能看到图案的全貌，所以一般人在处于地面的水平角度上，只能见到一条条不规则的坑纹，根本无法得知这些不规则的线条，所呈现的竟是一幅幅巨大的图案。

纳斯卡线条大约刻于公元前500

年到公元500年之间，就其数量、自然状态、大小以及连续性来说，它们是考古学中最难解开的谜团之一。在辽阔的荒漠上，有人用网状线条，刻出巨形飞禽走兽的图案。根据研究人员的发现，这些图案是将地面褐色岩层的表面刮去数公分，从而露出下面的浅色岩层，而所形成的坑道线条，每条的平均宽度约为十至二十厘米，而当中最长的则达约十米。所以由这些长度不一的线条所组成的图案，其面积也有所不同。有些线条图描述了活着的动物、植物，想像的形象，还有数公里长的几何图形。这些纳斯卡线条被认为是用于与天文学有关的宗教仪式。考古学家认为这些小径与印加帝国的"神圣之路"相似，可能是举行礼仪活动的场所。

◆秘鲁的昌昌古城遗址

在秘鲁的特鲁希略城西北4千米的海滨沙漠地带，有一座当年奇穆人修建的古城址，叫昌昌。昌昌是"太阳、太阳"的意思。公元11世纪到15世纪，秘鲁北部滨海地区兴起了印第安人所建的奇穆帝国，昌昌城就是他们的首都。昌昌城在16世纪遭西班牙殖民者的掠夺和破坏，但从遗址仍可看出其特有的建筑风格。昌昌城面积约20平方千米，中心地带为6.5平方千米，全盛时期人口有10万人。全城的建筑，都是用土坯砌成，是世界上至今保留下来的最大一座土城遗迹。昌昌古城遗址，现已发现有10座以高墙围绕、自成单元的建筑组合，每一建筑组合内有宫殿和房屋等，因此，考古学家把昌昌叫做"城堡之城"。

昌昌古城城墙高达7米，最高的可达15米，周长440米，墙基厚达3米。这些城墙都是用大块的土坯砌成，砌得很严实，而且考虑到抗御地震的需要，大都砌成品字形。这些土坯用粘土、沙砾和贝壳末烧制而成，非常坚固。1970年秘鲁

挖出来的 "古代文明"

昌昌古城遗址

发生大地震时，后人修复的墙都遭到了破坏，而原来的遗址却安然未动，显示了当时奇穆人的高超建筑艺术。在遗址中，有一处方形的场地，方圆约300多平方米，四周都是断垣残壁，但墙的底部却保存得很完整，而且雕刻着不少海洋生物的图案，其中尤以海狗舞蹈的雕刻最多、最生动，奇穆人很崇拜这种动物，这块场地当年是市场和奇穆人举行庆祝集会或集体跳舞的场所。

昌昌古城遗址的建筑很有规划。城内街道纵横交错，沿街建有住房、宫殿、庙宇、花园、作坊、金字塔、牢房和水渠等，还有一排排密集的粮仓。许多墙上都有浮雕，图案大多为鱼、鱼鹰和渔网之类，几乎全部与捕鱼有关。在一堵宫墙上刻的就是一张大鱼网的图案。有的墙上还雕刻着各种水鸟的形象，有的飞，有的睡，有的浮在水上，有的潜水捕鱼。最有意思的是一幅表现驯鸬鹚的雕刻：一只鸬鹚捉到一条大鱼，正仰着头，伸长了脖子，想一口吞下，可就是吞不下，原来脖子上被人结着一根绳。这巧妙的艺术构思，反映了当时奇穆人的真实生活。

在一座庙宇的四周墙壁上，有365个圆形的图案，这代表月亮印每年的365天。奇穆人把月神当作最高之神。这种信仰也与捕鱼有关，因为月圆之夜，正是近海鱼群最多的时候。由于气候干旱，奇穆人在昌昌城修有出色的水利工程。他们把安第斯山的水源引来灌溉和饮用，城中有水利工程和水井。井口是长方形的池子，沿池壁有石砌的盘旋斜道，到达池底的水井，至今水仍清澈。井边长满了芦苇，这是整个土城唯一的绿色。昌昌城出土文物丰富。每一建筑组合有一国王陵墓，在一座国王的小墓窖中发现有13具年轻的殉葬妇女的遗骸。出土文物中有粮食、陶器、金银珠宝及木乃伊，还发掘出一只金狗。

八方知识小花絮

创造奇穆帝国的奇穆人

公元700年以来，奇穆人形成了自己的文明，建立了自己的帝国——奇穆帝国，统治着秘鲁北部。1476年，他们被印加人消灭。奇穆人是熟练的金饰工匠，黄金器皿都经过精心的制作，上面饰满了细致的图案。奇穆国王被看作如神一般。他们将黄金随葬到冥府，还将妇女处死作

奇穆帝国建筑

为陪葬。奇穆人没有货币，所以他们用自己编制的织物来支付税金和纳贡。奇穆人的首都是昌昌，占地15平方千米，中心有10所皇家建筑。每一所建筑都曾经属于一位奇穆国王。当一位国王死后，他的居所就被密封起来，变成他的陵墓。建筑工人再为下一位国王建造一所新的这种建筑。每一个建筑都有一个巨大的庭院，后面是王室的房间、库房和小庭院。国王的墓台置于其中，四周围绕着许多房间，房间里摆放着给国王带往冥府的珍宝。

◆秘鲁印加古城库斯科

库斯科位于海拔3410米的安第斯山高原盆地，秘鲁人称其为"安第斯山王冠上的明珠"和"古印加文化的摇篮"。库斯科城已被联合国列为"世界文化和自然遗产"。城中精美的石砌墙垣和太阳庙遗址等古印加文明的痕迹，比比皆是。

库斯科是秘鲁南部著名古城，是古印加帝国的首都，现为库斯科省省会。在库斯科城内，印加帝国时代的街道、宫殿、庙宇和房屋建筑至今仍保存完好，在城中心的武器广场正中，一位印第安人的全身雕像耸立在那里，广场四周则环绕着西班牙式的拱廊和四座天主教堂。广场东北是建在高耸的金字塔顶的太阳庙、月亮神庙和星神庙。左右对峙的蛇神殿和太阳女神大厦的墙壁遗迹位于广场东南。为迎接帝国军队凯旋归来的欢庆广场坐落在武器广场的西南，当地人把欢庆广场称为"库西帕塔"。陈列着印加帝国时期的陶器、纺织品、金银器皿和雕刻碎片等的考古博物馆位于这两个广场附近。

库斯科的主要建筑是萨克萨瓦曼圆形古堡和大教堂，大教堂顶端

库斯科古城

191

的福音钟楼悬挂着一口130吨重的大钟，据说是南美大陆最大的钟，钟声能传到40千米之外。萨克萨瓦曼圆形古堡世界闻名，距库斯科城1.5千米处，是举行 "太阳祭" 的地方。古堡是古代印第安人最伟大的工程之一，建筑在一个小山坡上，是俯瞰全城的巨大防御系统。据说其主堡是由印加王帕查库蒂于15世纪70年代动工修建的，持续了50多年，直到西班牙殖民者入侵之前还没完全竣工。这里也是印加王的行宫。

萨克萨瓦曼圆形古堡从上至下有三层围墙，每一层墙高达18米，长540米，均用巨石垒砌而成。古堡高处有3座塔，上塔是圆柱体，塔内有温泉。古堡下层台阶用石板铺成，长达800米。古堡地下有用石头

秘鲁库斯科古城

砌成的网状地道，它和3座塔楼相通。萨克萨瓦曼圆形古堡最高处是由3座塔楼围起来的一个非常整齐的三角形。圆柱体主塔基层呈放射状。其他两座塔呈正方形，是驻军之处。这一宏伟壮观的建筑群显示了印加帝国的强大，是美洲古代印第安人最伟大的古建筑之一。

◆秘鲁的伊卡石刻

在秘鲁纳斯卡平原北部有一座名为伊卡的小村庄有一座石头博物馆。馆中陈列着一万多块刻有图案的神秘石头，上面雕刻着许多令人难以置信的图画，记录的是一个业已消失的极其先进的人类远古文明，这些石头画被称为伊卡石刻。博物馆里这批雕刻着图案的石头是在伊卡河决堤时开始大量被人发现的。刻石依照图案的类别，被划分为太空星系，远古动物，史前大陆，远古大灾难等几类。秘鲁的伊卡石刻根据推测可能有上千年的历史。专家将刻石进行了化验，结果表明，这些石头是产于当地河流之中的一种安第斯山石，表面覆有一层氧化物。

经科学家鉴定，伊卡石刻上的刻痕历史极为久远，而发现刻石的山洞附近，遍布着几百万年前的生物化石。最不可思议的是，那些刻石头的远古人类被科学家称为"格里托里西克人"，从刻石的图案上看，他们具有极为先进的文明。刻石上描绘着器官移植手术、输血、望远镜、医疗器械、追逐恐龙的人等。在这些石头图画里，人们可以清楚看到人与恐龙生活在一起的情况，以图上的比例来看，所画的人类与恐龙身材比例并不悬殊，约略是现代人类与家畜的身材比例，恐龙像是一种家畜，或是当时人们驯养的动物，几乎比较著名的恐龙类型都在这些石头雕刻里有出现。

挖出来的 "古代文明"

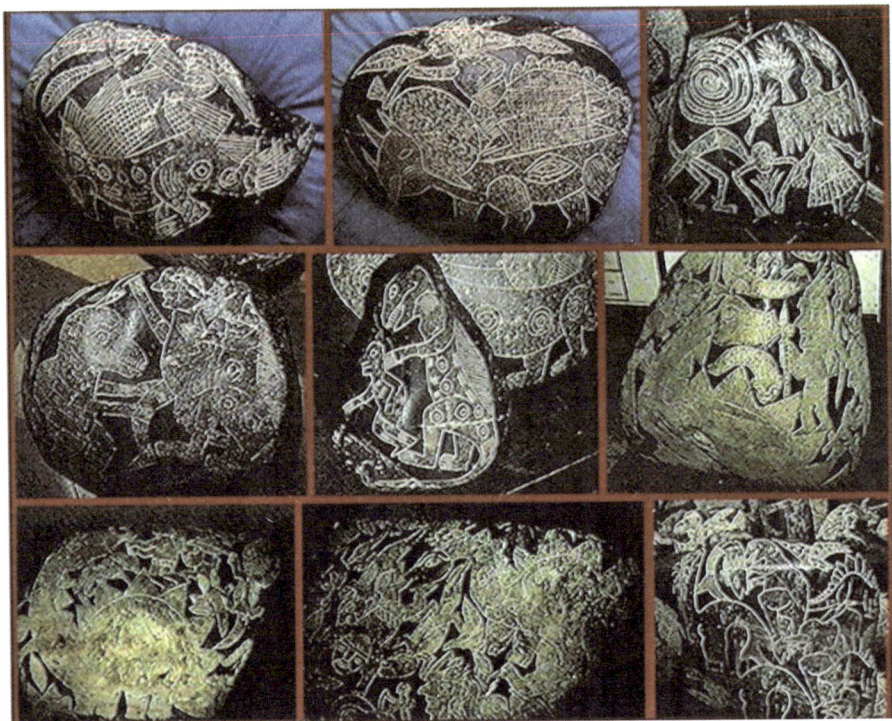

伊卡石刻

哥斯达黎加巨型石球

  哥斯达黎加巨型石球，是美国人乔治·奇坦在20世纪30年代末于哥斯达黎加一处人迹罕至的三角洲热带丛林以及山谷和山坡上发现的。这些石球大小不等，大的直径有几十米，最小的直径也在两米以上，制作技艺精湛，堪称一绝。这些谜一样的石球引起了人们极大的兴趣。科学家对它们进行测量后发现，这些石球都是用坚固的花岗岩制成，而且石球表面各点的曲率几乎完全一样，直径误差小于0.01，是一些非常理想的圆球。从大石球精确的曲率可以知道，制作这些石球的人员必须具备相当丰富的几何学知识和高超的雕凿加工技术，还要有坚硬无比的加工工具及精密的测量装置。

哥斯达黎加巨型石球

哥斯达黎加巨型石球差不多都是用坚固美观的花岗岩制成。令科学家和考古工作者迷惑不解的是，这些石球所在地的附近并没有花岗岩石料，在其他地方也找不到任何原始制作者留下的痕迹。面对这样奇特的现象，人们提出了一连串问题：是什么人制作了这些了不起的巨大石球？所必需的巨大石料如何运到这里？究竟用什么工具加以制作？有人根据当地印第安人中流传的传说：宇宙人曾经乘坐球形宇宙飞船降临这里，认为这些大石球是宇宙人制作的，并按照一定的位置和距离进行了排列，布置成模拟某种空间天象的星球模型。但一切的谜团迄今未明。

挖出来的 "古代文明"

◆云中之城 "马丘比丘"

"马丘比丘" 在印加语中意为 "古老的山巅"。马丘比丘城被称作印加帝国的 "失落之城"。马丘比丘古城海拔2280米，两侧都有高约600米的悬崖，峭壁下则是日夜奔流的乌鲁班巴河。马丘比丘被列入全球10大怀古圣地名单。马丘比丘城堡建于陡峭狭窄的山脊，又被四周的崇山峻岭包围遮盖住，因此没被西班牙人发现。人们认为马丘比丘是印加统治者帕查库蒂于1440年左右建立的，直到1532年西班牙征服秘鲁时都有人居住。考古显示马丘比丘是印加贵族的乡间休养场所。围绕着庭院建有一座庞大的宫殿和供奉印加神祇的庙宇，以及其他供维护人员居住的房子。

马丘比丘处处是花园、通道、宏伟的建筑与宫殿。这里有痕迹显

马丘比丘

示出沟渠、水池、浴池，以及玉米、土豆和其他蔬菜。高低不一的花园和道路用石阶相连。印加王国选择在此建立城市，可能是由于其独特的地理和地质特点。据说马丘比丘背后的山的轮廓，代表着印加人仰望天空的脸，而山的最高峰"瓦纳比丘"代表他的鼻子。印加人认为不该从大地上切削石料，因此从周围寻找分散的石块来建造城市。一些石头建筑连灰泥都没有使用，完全靠精确的切割堆砌来完成。

马丘比丘的砖石建筑是令人难以置信的奇观。当地人把巨大的花山岗岩石块砌在一起，却又不使用砂浆，这简直是个奇迹。各种不同形状的石块，被如此巧妙而又精确地相互拼合起来，成为一体，所筑成的石墙，使人难以觉察到石块间的接缝，看上去，它好像本身只是一大块石头，这远古时期如此超凡的技巧，真是太不可思议了。印加人在没有铁制工具，没有马犬畜，没有车轮知识的年代里，建造出如此绝妙的砖石建筑，确是极具智慧的民族。

马丘比丘有三个组成部分：神圣区、南边的通俗区、祭司和贵族区（居住区）。整个遗迹由约140个建筑物组成，包括庙宇、避难所、公园和居住区。还有大量的水池，互相间由穿凿石头制成的沟渠和下水道联系，通往原先的灌溉系统。在神圣区里建造有献给太阳神的"太阳庙"和"三窗之屋"。在居住区中属于贵族们的房屋成排的建在一个缓坡上，住宅有红色的墙。在主城堡中还有一片区域是专门关押和惩戒犯人的监狱。石头建造的纪念陵墓是宗教仪式和献祭牺牲的场所，里面的空间呈拱形，墙壁上还有雕刻。

居住在马丘比丘的人们崇敬太阳，这里有一座"拴住太阳的地方"的建筑。这是个奇妙的石头结

构，似乎是个复杂的天文装置。据猜这建筑是用来计算一些重要的日期的，如夏至、冬至等。它的名字好像与一种庆典有关，因为据称在冬至那一天太阳被拴在这里。而且在太阳塔上，似曾有过对太阳系的观察与研究。那个塔是个马蹄形的建筑，朝东的一扇窗子很特殊，它在冬至那一天，可以抓住太阳的光线。每当夏至或冬至日，印加人便在此举行太阳节的庆典活动。

◆复活节岛巨石人像

复活节岛位于南太平洋波利尼西亚群岛的东面，距智利西海岸3000多千米，离其他岛屿也较远。这个小岛的面积约120平方千米，首府是安加罗西亚。荷兰航海家雅克

复活节岛巨石人像

布·罗格宾于1722年4月5日发现了这个小岛，因那天正好是复活节，所以就把它叫成了复活节岛。复活节岛以其石雕像而驰名于世，岛上有1000座以上的巨大石雕像以及大石城遗迹。1914年和1934年曾进行调查考察，1955年从事发掘工作。

复活节岛上存有三个文化期。其中早期的巨大石墙，可用以观察一年中的日出方位。中小型的各类石雕像采用黝黑的玄武岩、凝灰岩及火山渣为石料，用同位素碳测定时间约在公元前1680年。中期以石台上的长耳朵、无腿的半身石雕像为特征。石像高3~6米。最高的达9.8米，重约82吨。复活节岛上的石雕人像，或卧于山野荒坡，或躺倒在海边。这些被当地人称作"莫埃"的石像由黝黑的玄武岩、凝灰岩雕凿而成，有些还用贝壳镶嵌成眼睛，炯炯有神。这些半身石像，高鼻梁、深眼窝、长耳朵、翘嘴巴，双手放在肚子上。有些石像头

顶还带着红色的石帽，重达10吨。还有几十尊竖立在海边的人工平台上，单独一个或成群结队，面对大海，昂首远视。

复活节岛巨石人像是如何制作的呢？一种说法是这些石像是岛上人雕刻的，他们是岛上土著人崇拜的神或是已死去的各个酋长、被岛民神化了的祖先。一部分专家认为，石像的高鼻、薄嘴唇，是白种人的典型生相，而岛上的居民是波利尼西亚人，他们的长相没有这个特征。因而这些石像的造型，并无波利尼西亚人的特征。那么就不会是现在岛上居民波利尼西亚人的祖先，这些雕像也就不可能是他们制作的。此外，岛上的人很难用那时的原始石器工具，来完成这么大的雕刻工程。有人测算过，在2000年前，这个岛上可提供的食物，最多只能养活2000人，在生产力非常低的石器时代，他们必须每天勤奋地去寻觅食物，才能勉强养活自己，

他们哪里有时间去做这些雕刻，而且这种石雕像的艺术性很高。还有一种说法是，石像是外星人制作的。外星人为了某种目的和要求，选择这个太平洋上的孤岛，建了这些石像。

另外复活节岛上还有几百个未完工的石像，为什么没有把它们雕刻完毕，放弃在那里，专家们分析后说，这可能在雕凿中遇到了坚硬的岩石，无法继续雕凿下去而放弃的。因为当时用石制工具雕刻石头，在制造石器工具时，尽可能选用最硬的石块，但可能在雕凿中，也遇到很硬的岩石，雕凿不动，不得不放弃。因此，这些未刻完的石

复活节岛巨石像

像，不是遇到什么灾变性事件突然停下的，而是在雕制过程中逐步被放弃的。其中一个最大的石像，高20多米，是复活节岛所见石像中最大的一个，因为未完工，现仍躺在山上的岩石上。

复活节岛最神奇的另一个谜团是科哈乌·朗戈朗戈，是一种"会说话的木头"，当地人称做"科哈乌·朗戈朗戈"。最先认识此木的，是法国修道士厄仁·艾依罗。厄仁在岛上生活了近1年，深知此木就是复活节岛的古老文字。"朗戈朗戈"是一种深褐色的浑圆木

板，有的像木桨，上面刻满了一行行图案和文字符号。有长翅的两头人；有钩喙、大眼、头两侧长角的两足动物；有螺纹、小船、晰蜴、蛙、鱼、龟等。厄仁在世时，这种木板几乎家家有收藏，当地居民把这种木板当柴烧。如今这种木板现已留下不多，仅有21块，几乎绝迹。由于战乱等原因，岛上已找不到懂这种文字符号的人了。有人认为，"朗戈朗戈"文字符号，是揭开复活节岛古文明之谜的钥匙。100多年来世界许多学者为破译它倾注了毕生精力，但一直没有人能破译。

拉丁美洲考古遗迹

◆神奇的玛雅文化

玛雅文化是世界重要的古文化之一，是美洲古典文化，也是拉丁美洲三大古代印第安文明之一。它是美洲印第安人文化的摇篮，对后来的托尔特克文化和阿兹特克文化

玛雅文化遗址

具有深远的影响。玛雅人在5000年前就出现在墨西哥合众国和中美洲危地马拉的太平洋海岸。玛雅文明孕育、兴起于墨西哥的尤卡坦半岛、恰帕斯、塔帕斯科和中美洲，包括伯利兹、危地马拉、洪都拉斯和萨尔瓦多。玛雅文化从公元前1800年一直延续到1524年，分为前古典期（公元前1800年–公元300年）、古典期（公元300年–900年）和后古典期（公元900年–1524年）三个阶段。全盛时期为公元400年–900年。

公元前2000年左右，玛雅人进入定点群居时期并从采集、渔猎进入到了农耕时期，玛雅文明从此开始。玛雅文化前古典文明出现在危地马拉的太平洋沿岸和高原地带。

这时玛雅文化的主要特点是在出现的城市广场上建立了许多大型的石碑，石碑上雕刻有历朝历代的统治者形象。此外，城市里还出现了大型金字塔和城市的卫城。前古典时期的文明中心在中美洲的纳克贝和埃尔米拉多尔。玛雅文化古典时期的中心在危地马拉的蒂卡尔、帕伦克、博南帕克和科潘等地。这时的文化特征主要反映在建筑、雕刻和绘画上，如博南帕克壁画。玛雅文化的后古典文明有奇钦·伊察、乌斯马尔、玛雅潘三大中心。玛雅人信奉萨满教，崇拜自然神，尤其崇拜太阳神。

玛雅文化是伟大的古典文化，对世界文明作出了重大的贡献：一是在农业生产中培育了玉米、西红柿、南瓜、豆子、甘薯、辣椒、可可、火鸡、香兰草和烟草等；二是

玛雅文化遗址

挖出来的 "古代文明"

具有发达的手工业，用陶土制成各种器皿，用燧石或黑曜石制成各种工具和武器，用棉花织成布匹，用金、银、铜和锡等元素制成合金，加工成各种器皿和装饰品；三是用石头建造了许多宏伟的殿堂、庙宇、陵墓、巨大石碑、古代战争壁画；四是玛雅人在天文历法和数学运算方面在当时世界上首屈一指。他们把一年定为365天，一年分为18个月。每月20天，下剩5天作为禁忌日。历法的精确远早于欧洲人后来使用的格里高利历法；五是创造了象形文字。这种象形文字主要刻在建筑物、陶器上，或写在树皮、绢布上。在石柱、祭台、金字塔及陶器上到处都可以看到玛雅人原始的象形文字；六是玛雅人有丰富的史学和文学文献，留下了著名古籍《德累斯顿古抄本》《马德里古抄本》《巴黎古抄本》《格罗利尔古抄本》《柏林古抄本》《纽约古抄本》《卡奇克尔年鉴》《奇兰·巴兰》《波波尔·乌》和《拉比纳尔的武士》，内容涉及历史、宗教、传说、历法等。

考古知识小花絮

玛雅水晶骷髅

在中美洲的贝利兹的玛雅遗迹中发现了水晶骷髅。这个水晶骷髅是个完全以水晶石加工研磨而成的，大小几乎和人类的骷髅相同。玛雅人认为骷髅是一种神明供物，象征和神明心意相通。根据古印第安人世代流传着的一个传说：他们的祖先留下十三个水晶骨头，和人类的骨头一般大，下巴可以活动，能说话，能唱歌。据说这些头骨可以为人类的起源和死亡提供资料，亦能为人类解开宇宙生命之谜，当地球文明达到极致之时，他们会重新出现，并揭示人类过去和未来的秘密。

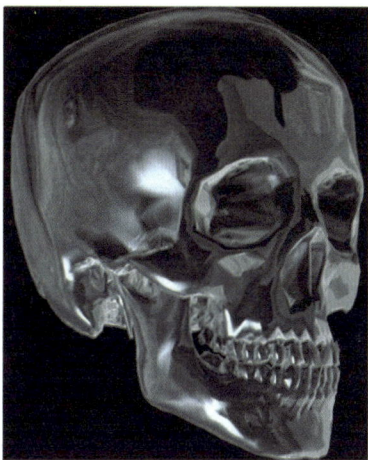

"水晶骷髅"

◆ 神秘的阿兹特克文化

阿兹特克文化是拉丁美洲印第安人三大文化之一，由居住在墨西哥的阿兹特克人创造。14世纪初，阿兹特克人定居于墨西哥中部谷地。16世纪初形成东达墨西哥湾、西抵太平洋的庞大国家。1521年被科尔特斯率领的西班牙殖民者灭亡。阿兹特克文化吸收了玛雅文化等各种印第安人文化成就，农业发达，金属制作技艺精良，使用象形文字。阿兹特克文化被西班牙殖民者破坏。12世纪，印第安人阿兹特克部落为了躲避敌人的追击，从北方的故乡迁徙到墨西哥河谷。传说有一天，战神对正在寻找栖息地的

阿兹特克人说："你们去寻找一只鹰，它栖息在一株仙人掌上，口中还衔着一条蛇，找到之后，那个地方就是你们居住的地方。"阿兹特克人遵照战神的指示，来到了特斯科科湖畔的一个岛上，果然看到一只鹰叼着一条蛇站在仙人掌上的奇特景象。于是他们便在岛上居住下来，开始建立新的城市，并把这个城市称之为"特诺奇蒂特兰"，意为"仙人掌之地"。

在16世纪初西班牙人入侵美洲之前，阿兹特克统一了周围部落，发展到鼎盛时期。都城特诺奇蒂特

挖出来的 "古代文明"

阿兹特克文明遗址

兰有三十万人口，是当时世界上最繁华的城市之一。阿兹特克人以务农为主，主要种植玉米、豆类、蔬菜、棉花和烟草；善于建造人工岛。先在湖面上打桩，然后扎上木筏，铺上河泥，最后在人工岛上面种植庄稼。阿兹特克人以擅长城市建筑而著称，在设计和建筑首都特诺奇蒂特兰中充分反映出他们的聪明才智。他们在岛的中央建庙宇，以此为中心修筑两条南北、东西交叉的大道，大道将全城分为四个市区。他们在市区中心建筑了以神庙为主体的建筑群，其中有国王和贵族居住的许多房屋和宫殿。宫殿四壁饰满羽蛇浮雕，栩栩如生。房间里到处挂满绚丽多彩的地毯和布帘，园林里到处栽种着奇花异草。

206

特诺奇蒂特兰市中心最主要的建筑是神庙，在广场中心屹立着二十座大小不等的庙宇。这些庙宇被称作美洲金字塔。它们也用石块垒成，但造型与埃及金字塔不同，顶部不是尖的而是平的，四面均是等腰梯形。最大的一座金字塔是祭奉战神威齐波罗奇特利的，高约46米，占地约8100平方米。金字塔四面都有石砌台阶，从地面到塔顶共114级。塔身分四层，每层都有"回"形平台把四面台阶连成一片。金字塔顶端的平台上建有两个庙堂，堂内有神像、祭台和祭器。阿兹特克人有以活人作为祭品的习惯。每次出征前和战争胜利归来，总要把人当祭品押上祭坛，用刀挖出心脏来敬献给战神。阿兹特克人使用绘画文字，在医学方面有相当成就。1519年，西班牙殖民者侵入特诺奇蒂特兰，用火烧毁。阿兹特克人被屠杀，阿兹特克文明从此中断。

◆玛雅古城科潘遗址

科潘玛雅古城的遗址，位于洪都拉斯首都特古西加尔，距巴西北部大约225千米处，靠近危地马拉边境。遗址坐落在13千米长、2.5千米宽的峡谷地带，海拔600米，占地面积约为150 000平方米。这里依山傍水，土地肥沃，森林密布。科潘是玛雅文明中最古老且最大的古城遗址，广场中有金字塔、广场、庙宇、雕刻、石碑和象形文字石阶等建筑。科潘遗址中，还发现了一个面积约300平方米的长方形球场，地面铺着石砖，两边各有一个坡度较大的平台。现在台上仍有建筑物的痕迹。据考证，科潘的玛雅人在举行祭祀仪式时，要进行一场奇特的球赛，用宗教活动来选拔部落中的勇士。

公元前200多年，科潘是玛雅王国的首都，也是当时的科学文化和宗教活动的中心。1576年，西班牙迭戈加西亚在从危地马拉去洪都

 挖出来的 "古代文明"

科潘遗址

拉斯的途中，发现了这处淹没在草莽丛中的古城遗址。玛雅古城科潘遗址的核心部分是宗教建筑，主要有金字塔祭坛、广场、6座庙宇、石阶、36块石碑和雕刻等；外围是16组居民住房的遗址。最接近宗教建筑的是玛雅祭祀的住房，其次是部落首领、贵族及商人的住房，最远处则是一般平民的住房，反映了阶级社会中等级制度的宗教特点和宗教祭祀的崇高地位。在广场附近，一座庙宇的台阶上立着一个非常硕大的、代表太阳神的人头石像，上面刻着金星。另一座庙宇的台阶上，是两个狮头人身像，雕像的一只手握着一把象征着雨神的火

208

炬，另一只手攥着几条蛇，嘴里还叼着一条蛇。

在山坡和庙宇的台阶上，耸立着一些巨大的、表情迥异的人头石像。据说，玛雅人的第一位祭司、象形文字和日历的发明者伊特桑纳死后，就被雕刻成众神中的主神供奉于此。另一个长1.22米、高0.68米

的祭坛上，刻有4个盘腿对坐的祭司。他们身上刻有象形文字，手中各拿着一本书。在这个祭坛的雕刻群中，有用黑色岩石碎片镶嵌成花斑状的石虎和石龟。在广场的山丘上有一座祭坛，高30米，共有63级台阶，它是由2500块刻着花纹及象形文字的方石块垒成，石阶两侧雕

科潘玛雅遗址

挖出来的 "古代文明"

刻着两条倒悬着的花斑大蟒。在广场的中央，有两座有地道相通、分别祭太阳神和月亮神的庙宇，各长30米，宽10米。墙壁门框中有丰富多彩的人像浮雕。在两座庙宇之间的空地上，耸立着14块石碑，这些石碑建于613年至783年之间，所有的石碑均由整块的石头雕刻而成，高低不一，上面刻满了具有象征意义的雕刻和数以千计的象形文字，在众多的人物雕像中，只有一个看起来像女性，表明当时妇女地位的低下。

第六章

简述非洲的考古遗迹

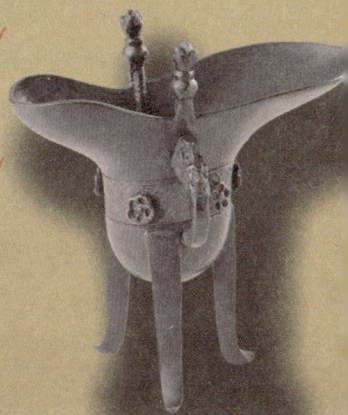

挖出来的"古代文明"

　　非洲位于亚洲的西南面，为世界第二大洲。东濒印度洋，西临大西洋，北隔地中海与欧洲相望，东北角以苏伊士运河为非洲和亚洲的分界。大陆东至哈丰角，南至厄加勒斯角，西至佛得角，北部至吉兰角。非洲的撒哈拉沙漠是世界上最大的沙漠。非洲东部还有世界上最大的裂谷带。非洲有许多岛屿，其中最重要的是世界第四大岛马达加斯加岛。其他还有塞舌尔群岛、索科特拉岛、科摩罗、毛里求斯、留尼旺、亚森欣、圣赫勒拿岛、维德角、比热戈斯群岛、圣多美与普林西比岛、亚速群岛、马德拉群岛和加那利群岛。非洲从地理上可以分为北非、东非、西非、中非和南非五个地区。非洲的大部分领土都位于热带地区。非洲人口分布以尼罗河中下游河谷、西北非沿海、几内亚湾北部沿岸、东非高原和沿海、马达加斯加岛的东部、南非的东南部比较密集。

　　非洲的居民主要分属于黑种人、白种人。黑种人分布在撒哈拉以南，赤道以北，埃塞俄比亚以西至大西洋沿岸的地带。阿拉伯人主要分布在北非各国。黄种人主要分布在马达加斯加。欧洲白种人主要分布在非洲南部地区。非洲的尼罗河流域是世界古代文明的摇篮之一。尼罗河下游的埃及是世界四大文明古国之一。至今屹立在尼罗河畔开罗附近的金字塔和狮身人面像是公元前27世纪前后古埃及人的杰作，是人类建筑史上的奇迹。非洲的文化依据人种的不同而呈现出地域化特点，比如：北部非洲主要是伊斯兰文化，南部非洲主要是白人文化（以英法文化为代表），广阔的中部非洲主要是黑人文化，由非洲的各个部族创造。而且在非洲的原始森林地区还有大量神秘的原始土著，同样创造着原始意味的文化。由于长期受到殖民主义的影响，因而非洲文化具有浓厚的殖民主义味道，而且长久的贫困也造成了整个大陆的文化相对落后。本章我们就以非洲的考古遗迹为题，来介绍诸如古人类化石露西、埃及金字塔、撒哈拉岩洞壁画、卡纳克神庙、法老图坦卡蒙之墓、古老的诺克文化、亚历山大城遗址、杰内古城、石头城大津巴布韦、阿马纳等著名的非洲考古发现。

东非考古遗迹

◆古人类化石露西

露西是1974年在埃塞俄比亚发现的南方古猿阿法种的古人类化石的代称。露西生活的年代是320万年之前，因此被认为是第一个直立行走的人类，是目前所知人类的最早祖先。1974年11月24日，美国古人类学家唐纳德·约翰逊，伊夫·科本斯和蒂姆·怀特在埃塞俄比亚的阿法尔凹地发现一具古人类的化石。根据当时庆祝发现而播放的披头士乐队的一首歌《露西在缀满钻石的天空》将她命

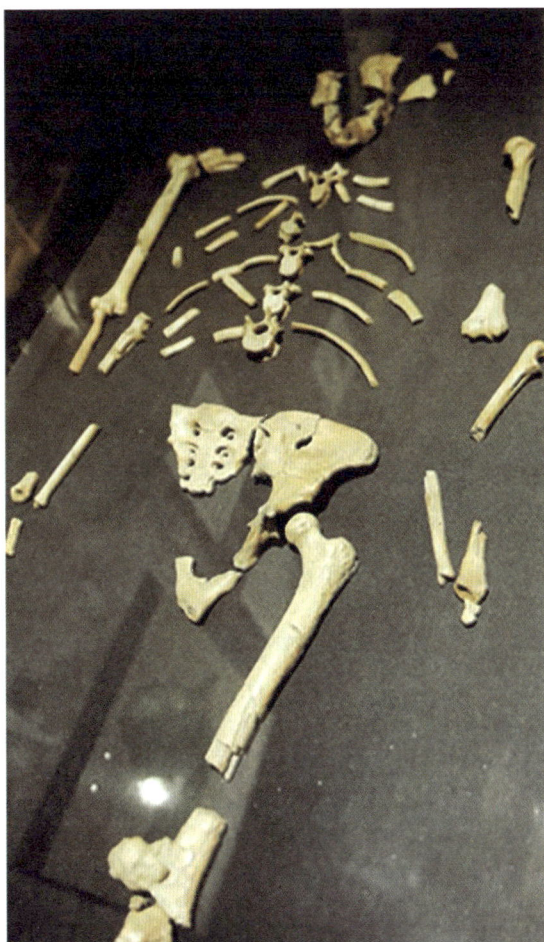
古人类露西化石

名为露西。露西生前是一个20多岁的女性，脑容量只有400毫升。

此后，在发现"露西"化石的地区，人们又相继发现了65具古人类化石，约翰森将它们同成为"阿法尔南猿"化石。约翰森认为，唯有阿法尔南猿才是人类的直接祖先。在漫长的年代中，阿法尔南猿进化成粗壮南猿和鲍氏南猿，最后再进化成为人类。但肯尼亚国立博物馆的理查德认为，在约翰森之前，人们普遍认为非洲南猿是人类的直接祖先，这是由于非洲南猿在解剖上既有古猿的特征，又有人类的特征。而另外两种南猿——粗壮南猿和鲍氏南原则属于同一类型，它们都是从非洲南猿进化而来的。然而，当阿法尔南猿的化石被发现以后，人们便进而认为阿法尔南猿自然而然代替了非洲南猿的地位，成为人类的直接祖先。以后，还会不会有新的"阿法尔古猿"来代替老的"阿法尔南猿"呢？总之，

"露西"被看作是人类起源研究领域里程碑式的发现。露西化石目前保存在亚的斯亚贝巴的埃塞俄比亚国家博物馆。

◆伟大的埃及金字塔

金字塔是一种角锥型的建筑物，一般用作陵墓或者祭祀之用。金字塔因为它的外形像中国的汉字"金"，所以就叫它金字塔。金字塔一般指的是埃及金字塔。其他著名的还有玛雅金字塔、阿兹特克金字塔（太阳金字塔、月亮金字塔）等。2500年前，一名希腊经师写下古代七大奇观名单：罗德斯岛巨像、奥林匹亚宙斯神像、埃及金字塔、法洛斯灯塔、巴比伦空中花园、以弗所阿提密斯神庙、毛索罗斯王陵墓。如今七大奇观中，只有埃及金字塔独存。目前埃及约有八十多座金字塔，始建于公元前2686年至公元前2181年。主要集中于基沙、萨卡拉及孟斐斯。埃及金

埃及金字塔

字塔中，以基沙的胡夫王、卡夫拉王及孟卡拉王三座金字塔最著名。

其中，胡夫王金字塔底部边长230米，高46米，用了共260万块，每块重达二吨半的石头堆积而成，是埃及规模最大的金字塔。一般称这座金字塔为大金字塔。胡夫王是斯奈福尔王和霍特普勒丝的儿子，是第一位在基沙台地上兴建金字塔的国王。胡夫王金字塔底部四边几乎是正北、正南、正东、正西，误差少于1度；金字塔的四周，特别是南北两侧，整整齐齐地排列着许多第四、五王朝的贵族平顶石墓。胡夫王金字塔是巴黎铁塔未建成前世界上最高的建筑物，而且经历三次地震依然屹立不倒。

卡拉夫王金字塔是在基沙兴建的第二座金字塔，规模可与胡夫王金字塔相媲美，内部构造则较为

简单，其简朴的情形，与邻近贵族平顶石墓的富丽堂皇和守护的狮身人面像形成强烈对比。雄伟的狮身人面像守卫着卡拉夫王金字塔已达五千年之久。狮身人面像的面部参照哈佛拉，身体为狮子，高22米，长57米，雕像的一个耳朵就有2米高。整个雕象除狮爪外，全部由一块天然岩石雕成。由于石质疏松，且经历了4000多年的岁月，整个雕像风化严重。另外面部严重破损，有人说是18世纪拿破仑入侵埃及时炮击留下的痕迹。古埃及人常用狮子代表法老王，象征其无边的权力和无穷的力量，这种法老王既是神又是人的观念，促使了狮身人面混合体的产生。早在四、五千年前，古埃及已出现许多狮身人面像，其中最早出现的便是基沙巨像。孟卡拉王金字塔规模比卡拉夫王金字塔

埃及金字塔

小，底部边长只有108米，高度也只有67米，实际体积仅及胡夫王金字塔十分之一，而且所用的石块较重，雕凿较粗糙，可能是在仓促之下建成的。

埃及金字塔有阶梯金字塔、红色金字塔之分。在古埃及第三王朝以前，坟墓一般是用泥砖砌成的巨大的长方形的坟堆。到第三王朝时，有一个名叫伊姆荷泰普的医生，想以特殊的方式为国王左塞尔建造坟墓。于是，他在人类历史上第一次用石块建造了巨大的坟墓。他先用石块砌成高约8米，边长63米的坟堆。以后他又不断改变计划，将坟堆设计成重叠式的，即一层接一层地往上加建，逐层缩小，一直加至第六层。之后，他又把这个庞然大物用精致的白色石灰包起来。竣工时坟堆全高达62米，底部东西长约121米，南北约109米，它是埃及最早的六级梯形金字塔。阶梯金字塔周围有许多走廊和通道，陈列着雪花石膏和岩石器皿。红色金字塔是法老萨夫罗在弯曲金字塔附近修建的另一座金字塔。它是埃及最古老的，"真正"的金字塔，底部为边长约220米的正方形，高约104米。因其主题建筑材料采用红色石灰而得名。

考古知识小花絮

太阳金字塔和月亮金字塔

太阳金字塔和月亮金字塔是墨西哥的重要文化古迹之一，是印第安人阿兹特克文化特奥蒂瓦坎古城遗迹的主要组成部分。坐落在墨西哥城东北的波波卡特佩尔火山和依斯塔西瓦特尔火山山谷间。"特奥蒂瓦

太阳金字塔

坎"在印第安语中的意思是"众神之都"。太阳金字塔和月亮金字塔分别位于特奥蒂瓦坎古城主要街道"黄泉大道"的东侧和北端。"黄泉大道"全长4千米，宽45米，南北纵贯全城。太阳金字塔建于公元2世纪，呈梯形，坐东朝西，内部以250万吨泥土和沙石堆建而成，外表铺砌和镶嵌着巨大的火山石，石头上雕刻着五彩缤纷的图案。塔体高65米。塔顶曾有一座10米高的太阳神庙，是古印第安人祭祀太阳神的地方。月亮金字塔比太阳金字塔晚建约200年，坐北朝南，塔体高46米。外部叠砌的石块上绘有色彩斑斓、带羽毛项圈的蛇头和用玉米芯组成的象征雨神的许多壁画。

◆埃及的卡纳克神庙

卡纳克神庙是埃及中王国及新王国时期首都底比斯的一部分，是太阳神阿蒙神的崇拜中心，古埃及最大的神庙所在地。卡纳克神庙在开罗以南700千米处的尼罗河东岸。卡纳克神庙遗址占据当时底比斯东城的北半部。通过斯芬克斯大道与南面1千米的卢克索相接，那里另有一座阿蒙神庙。由于中王国和新王国各朝都是从底比斯起家而统治全国的，底比斯的地方神阿蒙神被当做王权的保护神，成为埃及众神中最重要的一位。这里的阿蒙神庙也成为全国最大最富有的神庙。

公元前14世纪至前13世纪，古埃及人由于崇奉太阳神"拉"和地方神"阿蒙"，所以，各地为"拉"和"阿蒙"神建造了许多神庙。阿蒙神庙占地242 800平方米，由许多部分所组成。其中最主要的就是大柱厅。该厅长366米，宽110

卡纳克神庙

挖出来的 "古代文明"

米，面积约5000平方米，有六道大厅，134根石柱，分成16排。中央两排的柱子最为高大，其直径达3.57米，高21米，上面承托着长9.21米，重达65吨的大梁。其他柱子的直径为2.74米，高12.8米。在柱顶的柱帽处，可以安稳地坐下近百人，其建筑尺度之大，实属罕见。站在大厅中央，四面森林一般的巨大石柱，处处遮挡着人们的视线，给人造成一种神秘而又幽深的感觉。虽然由于年代的久远，致使神庙已破败不堪，然而，透过那仅存的部分，人们依然能够感受和想象到卡纳克神庙当年的宏伟壮丽。

卡纳克神庙中有著名的方尖碑。方尖碑是世界上第一位女王、古埃及惟一的女法老哈特谢普苏特女王所立，碑身全高29米，重323吨，是当时最高的方尖碑，也是现在埃及境内最高的方尖碑。哈特谢普苏特女王是开创古埃及新王国时期一代盛世的图特莫斯一世法老的

女儿，图特莫斯二世法老的同父异母妹妹兼王后，图特莫斯三世法老的姑姑、嫡母和岳母。女王自幼志向远大，秉性刚强，立志要当全埃及的最高统治者，在辅佐丈夫图特莫斯二世法老执政期间，即热衷朝政，觊觎国家统治权力。当二世去世以后，迫于女子不能当法老的世俗压力，女王不得不扶植自己的庶子、年仅9岁的图特莫斯三世当了法老。无奈三世也是一代英主，当年事稍长，便不甘傀儡，蠢蠢欲动。女王于心不甘，于是废黜三世并把他赶到卡尔纳克神庙里当了一名普通祭司，自己加冕登极。

为了应天顺人，女王花了7个月的时间从阿斯旺采下石料制成当时全埃及最大最高的两座方尖碑，立在这座全埃及最大最神圣的神庙里，献给太阳神阿蒙，并在碑上刻下铭文称自己为阿蒙神的女儿和儿子，以此证明自己承继大统的合法性。22年后，被女王贬到神庙里当

祭司的图特莫斯三世依赖神庙祭司集团的势力，发动政变重新夺回了王位。三世痛恨女王废黜自己，在全国范围内对女王进行了全面的清算，凡是有女王名字和雕像的地方统统抹掉，凡是女王建造的建筑统统毁掉。极其有意思的是，图特莫斯三世没有摧毁女王在尼罗河西岸为自己建造的神殿，也没有推倒女王在这里建造的两座方尖碑，而是砌起高墙把它们遮挡了起来，只在最顶端留下了4米高的一段，上面刻的是歌颂阿蒙神的文字。

考古知识小花絮

卢克索神庙

卢克索神庙，埃及中南部城市，坐落在开罗以南670多千米处的上埃及尼罗河畔，位于古埃及中王国和新王国的都城底比斯南半部遗址上。卢克索古迹中最引人注目的是尼罗河东岸的卡纳克神庙和卢克索神庙。卢克索已成为一座现代旅游城市、埃及的旅游胜地，那里弥漫着一股节日和欢快的气氛，位于市中心的庙宇神殿给卢克索打上了特殊的标记，每年都有几十万游客从世界各地慕名而来。埃及人常说："没有到过卢克索，就不算到过埃及"。

卢克索神庙长262米，宽56米，由塔门、庭院、柱厅、方尖碑、放生池和诸神殿构成。塔门是神庙的主要入口。在塔门两侧矗立着六尊拉美西斯二世的巨石雕像，其中靠塔门两侧的两尊高达14米，但是让人可惜

的是现在只剩下两尊雕像了。进入塔门的东北角是太阳神阿蒙庙。

第一塔历史更悠久。这个塔门建于3000多年前，塔门的石头上刻有艾米诺菲斯三世法老和图坦卡蒙国王的名字。塔门两旁各耸立着一尊拉美西斯二世的雕像。穿进圆柱门，是艾米诺菲斯三世的柱廊庙，三面由双层柱廊环绕。残存的遗迹中有一幅浮雕，描绘了艾米诺菲斯三世法老由神引导步入圣殿的情景。

中央大厅东面的降生室，实际上是一个小型礼拜堂，四周石壁上的浮雕描绘着穆伊亚女王和阿蒙太阳神象征性结婚，以及他们在女神帮助下，降生王子时的情景。庭院四周3面建有双排雅致的似纸草捆扎状的石柱，柱顶呈弧形花序状，十分优美。北部入口处是造型独特的柱廊，柱子共14根，每根约16米高。公元前1290－1224年，是第十九王朝的第三位国王拉西斯二世法老在位时期。拉美西斯二世是埃及历史上颇有名望的一位国王，他具有雄才大略，喜欢南征北战，也喜欢大兴土木，全生建树颇多。在正史和野史上，有关他的记载不少。他在世时征集了大量人力、物力和财力，对卢克索神庙进行了一番修饰。游人一来到这里，立刻就感到他的存在。在神庙塔门两旁，耸立着两尊高14米的坐像，这就是拉美西斯二世的雕像，神庙墙上的浮雕生动地描述了他执政初期与赫梯人作战的情景。左右两边的浮雕构成一幅完整的组画。左边的画面描绘了当时的军营生活、战前召开军事会议及法老御驾亲征、在战车上指挥战斗的情况。右边的画面栩栩如生地描绘了这位法老如何向敌人发动进攻、弯弓射箭的动作及赫梯人溃逃的情景。在拉美西斯庭院里，石柱中立有一尊石雕像，这正是拉美西斯二世法老。旁边的石壁上镌刻着一些浮雕和文字，叙述了举行庆典仪式的情形。柱旁石壁上浮雕描绘了新年之际"圣船"队从卡纳克到卢克索往返的盛况。古埃及人信仰的太阳神阿蒙一家分乘4条船，由法老和祭师陪同，从卡纳克神庙出发，身卢克索神庙进发，尼罗河两岸浩大的队伍，跟船同行，歌舞相伴，气氛十分热烈。"圣船"一到卢克索神庙，便开始烹牛宰羊，群臣欢宴的场面热闹非凡。石碑原为一对，另一座于1831年被移走，现立在法国协和广场。

◆法老图坦卡蒙之墓

图坦卡蒙为现代西方人广为熟知，是因为他的坟墓在三千年的时间内从未被盗，直到被英国险家哈瓦德·卡特在卡尔纳冯伯爵的支持下发现他的墓葬，并挖掘出大量珍宝，从而震惊了西方世界。当图坦卡蒙登基时，大金字塔就已经有1250年的历史了。他死时只有19岁，他的墓未被人盗过，因为他修建的金字塔在他死时还没修好。图坦卡蒙只是葬在一个很小的地方，所以他的墓是唯一没被盗过的。法老图坦卡蒙的整座墓由前室、墓室、耳室及库室组成。除墓室外，所有的地方都放满了家具、器皿、箱匣等各类器物，其中包括墓主人的宝库。

图坦卡蒙是个时尚男士，酷爱流行。在他坟墓中发现了大批衣物，衣物旁还有一个依他体型而作成的木型模特儿。另外还发现了图坦卡蒙洗礼时用的围巾，质量好，手工又细。图坦卡蒙大约有100双鞋，有用皮做的，有用木头做的，也有用柳条编的，甚至还有用黄金做的。在图坦卡蒙墓中大约有30多种品牌的酒，其中有一种是"图坦卡蒙牌葡萄酒"，上面还标有年份，葡萄产地跟制造商。图坦卡蒙墓中有30只回力棒。在古代回力棒是用来打猎的。除了金棺和金面具

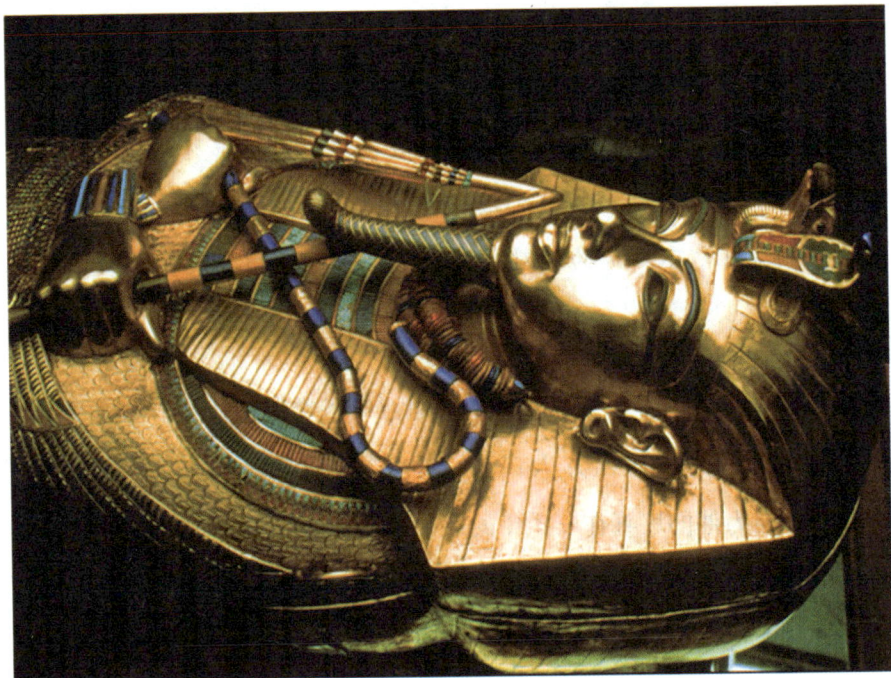

图坦卡蒙法老

外，往往被人提及的大件是皇后给法王身体涂油的王座、两尊如真人大小的木雕哨兵和雪花石膏箱。其中的雪花石膏箱最耐人寻味，4个雪花石膏罐子，盖子是图坦卡蒙头像，罐子里竟然放着小法老的肝、肺、胃和肠子。

图坦卡蒙墓中的每件器物，都以金银珠玉装饰而成。在墓室中还发现了两尊真人大小的乌木镀金雕像，

学者们认为这就是图坦卡蒙的形象。这两尊雕像生动逼真、栩栩如生，充分反映了古代艺术家们高超的技术和丰富的想象力。在8年的挖掘过程中，人们在墓中发现了2000多件文物，墓中奇珍异宝非常丰富。图坦卡蒙的石棺与陪葬品原本是他一个祖先要用的。因为谁也没想到他这么早死，临时来不及特别为他准备，只好先拿别人的给他用了。

图坦卡蒙著名的黄金面具大约重10.23千克。图坦卡蒙的木乃伊由三个人形棺与三个外廓层层保护，每一个的大小恰好卡进另一个，手工技艺相当精细。最内一层的人形棺由22K金打造，重110.9千克。图坦卡蒙的坟墓中有一个个人小型急救箱，里面除了一些急救药品外，还有绷带跟类似骨折时用的吊带。据卡特估算，图坦卡蒙的墓中大约有350公升的珍贵油品，大多存放在一些石头瓶里。图坦卡蒙墓里还有两个流产的女婴陪他。

考古知识小花絮

埃及帝王谷

在埃及，除了蜚声世界的金字塔外，还有一处令无数旅游者向往的地方，那就是"帝王谷"。在开罗以南700千米，尼罗河西岸岸边7千米，与卢克索等城市隔河相望的一大片沙漠地带就是古代埃及都城底比斯的所在地。帝王谷坐落在尼罗河西岸的金字塔形山峰之巅，分为东谷和西谷，大多数重要的陵墓位于东谷。帝王谷也有被宠幸的贵

图坦卡蒙法老

225

族和法老的妃子和子女的陵墓。帝王谷坐落于离底比斯遗址不远处的一片荒无人烟的石灰岩峡谷中。断崖底下就是古代埃及新王国时期（公元前1570年-前1090年）安葬法老的地点。几个世纪以来，法老们在尼罗河西岸的这些峭壁上开凿墓室，用来安放他们的遗体，这里还建有许多巨大的柱廊和神庙。这里共有60多座帝王陵墓，其中有图特摩斯三世、阿蒙霍特普二世、塞提一世、拉美西斯二世等最著名的法老。

南非考古遗迹

◆石头城——大津巴布韦

"津巴布韦"一词源于邵纳语，意为"石头建筑""石头城"。津巴布韦的居民大部分为马绍纳族和马塔贝勒族人。马绍纳人把散布于当地的二百处大小石头建筑的任何一处废墟都叫"津巴布韦"。而位于维多利亚堡东南部（距首都哈拉雷以南320千米处）的一大片石头城废墟，则被称为"大津巴布韦"。大津巴布韦文化是南部黑非洲古代文明的杰出代表，得

名于一组古代巨石建筑群遗址。该建筑群大约始于公元4世纪至5世纪，以此为中心曾先后建立过一些班图人的王国。后经多次重建或扩建，于14、15世纪达到鼎盛。最后在大津巴布韦这个已颓败的城市居住的民族，由于战争的原因，大约在1830年"祖卢战争"期间，被全部赶走。后来声称拥有大津巴布韦的阿孟瓜人，实际上并未在当地居住过，这里现在生活的是马绍纳族人的一个分支——卡兰加人，但他

石头城——大津巴布韦

们至今还住在低矮简陋的窝棚中。而大津巴布韦的真正建造者，随着历史的烟云似乎已无从寻觅。

大津巴布韦石头城是这些遗址中最大、最壮观的，是一个围墙围成的圆表区域，内有房屋和庭院。围墙高9米，厚约5米，顶部砌着大石块。沿山谷向下延伸，在约24万平方米的范围内散布着许多石头建筑，包括一座围墙围着的庙宇和稍小一些的建筑物遗迹。大津巴布韦遗址三面环山，一面是波平如镜的凯尔湖。整个的遗址范围包括山顶的石岩和山麓的石头大围圈及其东

挖出来的 "古代文明"

面的一片废墟，组成了相互联系的建筑群。据考证，这座石头城建于公元600年前后，是马卡兰加古国的一处遗址。古城分为外城和内城两部分，外城筑在山上，城墙高10米，厚5米，全长240米，由花岗岩巨石砌成。内城建在山坡谷地，呈椭圆形。城内有锥形高塔、神庙、宫殿等，都由石块砌筑，而且这些建筑的入口、甬道和平台等都是在花岗岩巨石上就地开凿出来的。

从已发掘的文物看，大津巴布韦遗址曾经是一座非常繁荣的城市，农业、冶炼业、对外贸易都相当发达，而且一度与中国、阿拉伯、波斯等许多国家有着经济、文化的交往。大津巴布韦遗址中最珍贵的文物是当年用于装饰大围圈顶部的"津巴布韦鸟"。鸟用淡绿色的皂石雕刻而成，鸟身如鹰，而头似鸽子，脖子高仰，翅膀紧贴身子，长约50厘米，雄踞在1米高的石柱顶端。这种石雕鸟是津巴布韦一个部族世世代代崇拜的图腾，一直信奉至今，其工艺精细，造型雄健，艺术价值连城。据说，在大津巴布韦遗址中，曾先后发现8只这样的"津巴布韦鸟"。津巴布韦鸟被作为津巴布韦的象征，印在国旗和硬币上。

西非考古遗迹

◆古老的诺克文化

诺克文化是尼日利亚中部乔斯高原及其周围地区的石器时代过渡到铁器时代的文化，20世纪30年代初因在乔斯城西南的诺克村首先发现而得名。诺克文化分布在今尼日尔河中游和贝努埃河下游的广大地区，在当地发现了许多石器和铁器。这些铁器代表着撒哈拉以南非洲迄今所发现的最早的铁器时代文化。诺克文化的繁盛时期约在公元前500～公元200年，其代表遗物是许多精制的人和动物的赤陶雕塑，特别是一些诺克祭祀小像和人头像，后者的大小往往与真人相近，说明当时的制陶工艺已达很高水平。

诺克文化的陶塑头像侧重于不完全的自然主义风格，面部特征简约明晰。塑像的眼睛为程式化的倒三角形，眉为向下弯曲的弧线，鼻梁长，鼻翼很宽，嘴部阔大。瞳孔、耳孔、鼻孔及口部一般都以透穿的小洞表示。另外，陶像的发型变化多样，显现出当时人们独特的审美取向。诺克文化是北非尼罗河流域的古埃及艺术衰退的典型代表之一，它的陶像夸张头部，头与身的比例可达3：4，后人称之为"非

诺克文化

洲比例"。

诺克文化的陶塑体现了诺克文化的典型特征，在红陶体上施以刻、塑、磨等装饰手法，并以极为真实的手法描画了头像的发式，可

229

见诺克文化中的艺术家并不是不能
掌握自然主义的写实技巧，只是创
作过程中未曾考虑，还是多以圆
形、圆柱形、圆锥形等几何形体塑
造形象，这也形成了诺克文化独有
的风格。一般认为诺克人是今尼日
利亚中部某些居民的直系祖先。当
时他们以务农为主，也饲养牲畜，
已懂得炼铁，喜好项圈、手镯、锡
或石英的珠子等饰物。后来伊费和
贝宁的雕塑艺术，据传渊源于诺克

文化。

◆ 马里的杰内古城

被世人美喻为"尼日尔河谷的
宝石"的杰内古城，位于马里中部
尼日尔河内三角洲最南端，以独特
的撒哈拉——苏丹建筑风格著称于
世。杰内古城建立于公元800年，
毗邻撒哈拉和多雨的苏丹地区，位
于游牧地区和固定居住区的切换点
上。它建造在尼日尔河流域一个防

马里的杰内古城

御性的小岛上，从河边到有贸易往来的游牧人城镇廷巴克图只有500千米。1988年联合国教科文组织将杰内古城作为文化遗产，列入《世界遗产名录》。杰内在古代是繁华的商业中心，以光辉灿烂的伊斯兰文化和盛极一时的摩尔式建筑闻名于伊斯兰界和撒哈拉以南的热带非洲地区，是一座富有珍贵历史文化价值的城市。

杰内古城正式建立于公元765年。从公元9世纪或10世纪开始，杰内古城在黄金贸易以及苏丹地区其他商品贸易中发挥了重要作用。公元11世纪，从穆拉比王国分离出来的一部分移民在当今城市的位置上建立了统治。1300年，由于国王皈依了伊斯兰教，从而建立了伊斯兰教帝国。从此政治稳定、经济繁荣；原始的黑人文化在这种曼丁哥王朝的统治下发展起来。杰内城参与了黑非洲、马格里布以及欧洲之间的贸易往来。它和廷巴克图相互

联系，并拥有一支庞大的船队。同时，它也是伊斯兰教的传播中心。公元15世纪和16世纪是杰内城的繁荣发展时期。16世纪末，该帝国在外敌的不断入侵下衰败了。

杰内古城最著名的建筑是建于公元14世纪的杰内清真寺，占地6375平方米，建筑面积3025平方米，为非洲典型的萨赫勒——苏丹式建筑。杰内清真寺的独特之处在于，整座建筑见不到一砖一石，是用一种特殊的粘土和树枝修建的。数百根坚固的四方形泥柱支撑着沉重的殿顶，每根柱子底基边长1米左右，殿顶有100多个直径约10厘米的通气孔，面向繁华大街的寺院正门主墙上有3座高耸的塔楼，塔楼之间有5根泥柱连结，寺门高大气派。杰内古城作为一座著名历史文化古城，为研究西非早期的水稻种植、青铜器和铁器的使用以及伊斯兰教在西非地区的形成和发展提供了极为珍贵的资料。

挖出来的 "古代文明"

考古知识小花絮

世界遗产名录之中国世界遗产

至2009年6月，中国已有38处文化遗址和自然景观列入《世界遗产名录》，其中文化遗产25项，自然遗产7项，文化和自然双重遗产4项，文化景观2项。

1.周口店北京人遗址　　　　1987.12 文化遗产

2.甘肃敦煌莫高窟　　　　　1987.12 文化遗产

3.山东泰山　　　　　　　　1987.12 文化与自然双重遗产

4.长城　　　　　　　　　　1987.12 文化遗产

长　城

5.陕西秦始皇陵及兵马俑 1987.12 文化遗产

6.明清皇宫：北京故宫（北京）1987.12

　　　　　沈阳故宫（辽宁）2004.7 文化遗产

沈阳故宫一景

7.安徽黄山　1990.12 文化与自然双重遗产

8.四川黄龙国家级名胜区 1992.12 自然遗产

9.湖南武陵源国家级名胜区 1992.12 自然遗产

10.四川九寨沟国家级名胜区 1992.12 自然遗产

11.湖北武当山古建筑群 1994.12 文化遗产

12.山东曲阜的孔庙、孔府及孔

山东曲阜的孔庙

233

林　1994.12 文化遗产

13.河北承德避暑山庄及周围寺庙　1994.12 文化遗产

14.西藏布达拉宫（大昭寺、罗布林卡）　1994.12 文化遗产

15.四川峨眉山—乐山风景名胜区　1996.12 文化与自然双重遗产

16.江西庐山风景名胜区　1996.12 文化景观

17.苏州古典园林　1997.12 文化遗产

18.山西平遥古城　1997.12 文化遗产

山西平遥古城

19.云南丽江古城　1997.12 文化遗产

20.北京天坛　1998.11 文化遗产

21.北京颐和园　1998.11 文化遗产

22.福建省武夷山　1999.12 文化与自然双重遗产

23.重庆大足石刻　1999.12 文化遗产

24.皖南古村落：西递、宏村 2000.11 文化遗产

25.明清皇家陵寝：明显陵（湖北钟祥市）、清东陵（河北遵化市）、清西陵（河北易县）　2000.11 文化遗产

　　　　　明孝陵（江苏南京市）、明十三陵（北京昌平区）2003.7

　　　　　盛京三陵（辽宁沈阳市）2004.7

26.河南洛阳龙门石窟　2000.11 文化遗产

明十三陵一景

挖出来的 "古代文明"

明孝陵一景

27.四川青城山和都江堰　2000.11 文化遗产

28.云冈石窟　2001.12 文化遗产

29.云南 "三江并流" 自然景观　2003.7 自然遗产

30.吉林高句丽王城、王陵及贵族墓葬　2004.7.1 文化遗产

31.澳门历史城区　2005 文化遗产

32.四川大熊猫栖息地　2006.7.12 自然遗产

33.中国安阳殷墟　2006.7.13 文化遗产

34.中国南方喀斯特　2007.6.27 自然遗产

35.开平碉楼与古村落　2007.6.28 文化遗产

36.福建土楼　2008.7.7 文化遗产

福建土楼

37.江西三清山　2008.7.8 自然遗产

38.山西五台山　2009.6.26 文化景观

北非考古遗迹

◆撒哈拉的岩洞壁画

　　撒哈拉是世界上最大的沙漠，总面积达940万平方千米，和我国国土面积差不多，几乎占整个非洲大陆的三分之一。在阿拉伯语中，"撒哈拉"意即"大沙漠"。令人迷惑不解的是，在这样一个极端干旱缺水、土地龟裂、植物干涸的旷

撒哈拉的岩洞壁画

野，竟然有过高度繁荣的远古文明。沙漠上许许多多绮丽多彩的大型壁画，就是远古文明的见证。

　　1850年的一天，德国探险家因里希·巴思在撒哈拉的塔西亚高原惊奇地发现：当地沙岩的表面满是野牛、鸵鸟和人的画像。画面色彩雅致和谐，栩栩如生，不过上面没有骆驼。后来人们又陆续发现了公元前6000年至公元前1000年的更多

的岩画。这些画面表现了人们当时的生活情景，如朴素的家庭生活、狩猎队伍、吹号角赶著牛群等。画面上还有大象、犀牛、长颈鹿、鸵鸟等现在只能向南1500多千米的草原上才能找到的动物，但是另外还有一些显然已经绝迹的飞禽走兽。1933年，法国骆驼骑兵队来到撒哈拉中部恩阿哲尔，在高原上发现了长达数公里的壁画群，他们立刻将

这一重大发现公布于世。

人们看到这么多的壁画，其内容丰富、生动，由此，可以推断出古代的撒哈拉并非黄沙一片，而是肥沃的绿色草原。这里曾河流纵横，大小湖泊星罗棋布，植物茂盛，百花争艳，飞禽走兽出没其间，俨然不同于今天的风沙遍地，撒哈拉沙漠可能曾是一个水草丰茂的动物栖息地和古人类生活的聚居地。

这以后，不少人来到这个昔日被认为是大草原的撒哈拉沙漠探险寻宝。1956年，亨利·罗特率领法国探险队在这里发现了大约10 000件壁画，并于1957年将总面积合10 780平方米的壁画复制品及照片带回巴黎，从此撒哈拉沙漠壁画群轰动了世界。撒哈拉壁画群一时间成为世人谈论的话题，甚至有不少人不远千里到撒哈拉目睹这一世界奇迹。

此后，不少人来到这个昔日被认为是大草原的撒哈拉沙漠探险寻宝。1956年，亨利·罗特率领法国

探险队在这里发现了大约10000件壁画，并于1957年将总面积合10780平方米的壁画复制品及照片带回巴黎，轰动了世界。撒哈拉壁画群一时成为世人谈论的话题，甚至有不少人不远千里到撒哈拉目睹这一世界奇迹。在撒哈拉壁画群中，有众多的人物形象，其中描绘最多的当数雄壮的武士形象。壁画中的武士表现出凛然不可侵犯的威武神态，他们手持长矛、圆盾，乘坐在战车上呈飞驰状，表现了战士出征的场面。狩猎时代初期的壁画中，有一些突出表现了女性的乳房、发型。有些考古学家据此推测，当时很可能正处于母系氏族阶段，妇女受到高度的重视。

根据气象学家的研究，在1万年或更早以前，撒哈拉沙漠地区气候温润，降水丰沛，是一片茂密繁盛的大绿洲。只是到了4000多年前，气候才慢慢改变，形成今天的不毛之地。壁画的内容正好反映了

239

挖出来的"古代文明"

这一沧桑变迁。据放射性碳14测定，最早的壁画画于公元前8000至前7000年。这时期的图案中出现了大量水牛、大象和河马等对水十分依赖的食草动物，可见当时这一地区乃是沼泽密布的大草原。第二阶段约为公元前3500至前1600年，这时候牛群开始多了起来，表明人类已经进入了畜牧时期。第三阶段约为公元前1500至前1200年。这一阶段的典型形象是马，有些马还拉着有轮的车子，可见当时文明程度已经相当高了。到公元前2世纪时，牛和马的形象都不见了，取而代之的是骆驼，可见撒哈拉的气候正渐渐变得干燥，草场消退，土地开始沙漠化。更引人入胜的是壁画中一些人物的形象和奇怪印记。一般来说，早期壁画写实性较强，人和动物的轮廓都是勾画准确，栩栩如生的，只是到了后期，风格才转向变形夸张。但其中有一些轮廓却具有硕大的圆形脑袋，有些头上还有犄角，五官模糊或根本完全省略，与现代宇航员的装扮有几分相似。这一形象的原型是什么呢？是出于一种巫术目的的装扮，还是外星宇航员的写照？另外，在一些图案旁边还有五颜六色的脚印和手印，有些手印包括了整条胳膊。这又是出于什么目的呢？这又给撒哈拉壁画群蒙上了一层神秘的色彩。

在撒哈拉壁画群中，有众多的人物形象，其中描绘最多的当数雄壮的武士形象。壁画中的武士表现出凛然不可侵犯的威武神态，他们手持长矛、圆盾，乘坐在战车上呈飞驰状。

在撒哈拉壁画群中，还有千姿百态的动物形象；有的站立、有的行走、有的狂奔、有的跳跃，还有怀孕的和受伤的，有些动物身上还画有长矛、箭头或者棍子打伤的痕迹。在动物的形象中，马的数量较多，有两匹马拉着战车飞驰的场面。在撒哈拉壁画群所描绘的动物

240

中，最多的要数聚集在水边的牛群，画面色彩丰富，其中尤以牧牛彩色画和雕刻画最为精美。

在撒哈拉壁画群中，人们还发现两种特殊的文字。这种文字的特点是没有表示母音的符号，虽然可以读出，但其含义是极难理解的，这种文字可以上下左右任意自由地书写，被称为笔耕式的书写法。

在这两种文字中，前者存在于公元前2世纪之前，通行于罗马时代的全盛时期，在撒哈拉的各种碑文中都有出现，恰与骆驼被带到撒哈拉的年代相一致。在这种撒哈拉文字之后，又出现了更为简化的古代拉费那固文字。

是谁绘制了这气势磅礴的沙漠壁画呢？是什么年代绘制的？为什么会出现在极端干燥的撒哈拉沙漠中呢？这就像埃及金字塔一样，成为人类文明发展史上的又一个未解之谜。

◆亚历山大城遗址

埃及亚历山大城是亚历山大入侵埃及时始建，位于尼罗河三角洲西端，以长约1300米的人工大堤与对面的法罗斯岛联结，从而形成两个优良海港。东港是商港和军港，西港是渔港。亚历山大城是埃及的主要港口和全国第二大城市，人口400万。亚历山大古城由亚历山大大帝兴建于公元前331年，距今约有2300多年的历史。数千年来，亚历山大城凝聚了希腊与埃及的文化结晶，在当时就是地中海举足轻重的港口城市。托勒密在位时将亚历山大城定为首都，这使得它随后成为东西方集会和交易的中心。

亚历山大城曾是古埃及强盛的象征。在古希腊罗马时代时，亚历山大城成为埃及的首都和希腊文化的中心。在法老时期，亚历山大城已经以文化象征闻名于世，在那里，法老建造了传奇性的、世界七大奇迹之一的灯塔。亚历山大城也

挖出来的 "古代文明"

是埃及女王克利欧·佩特拉和马克安东尼相爱的一个场景。然而，两千多年来，地震、洪水、战争都毫不留情地侵蚀着这些文化遗迹，使古城受到了重创，史书上记载的给船只导航的巨型灯塔早已沉入了海底，如今人们只能在伦敦和纽约看到几块残存的石料。如今考古学家们已经发现了这所古城隐藏在水下的遗址，其实比亚历山大大帝的到来还要早700年。考古学家们的发现在希腊著名史诗作者霍默的古希腊史诗《奥德赛》中有所暗示，将有望揭开这一神奇的古老世界。

过去认为亚历山大城是亚历山大大帝公元前332年在地中海海岸的一个名为罗哈克提斯的小渔村上建立起来的。但如今从亚历山大海底打捞出来的7样棒形样本，表明这一度繁荣昌盛的古城的历史可以追溯到公元前1000年。美国史密森的国家自然博物馆的海岸学家吉恩·丹尼尔·斯坦利及其同事使用振动空管，从水下6.5米处的2~5.5米长的

亚历山大城的庞贝柱和狮身人面像

242

沉积物中吸取近1米宽的棒状物。他们收集到的这些水下样本被证明比人们的想像还要古老，使先前的认识面临挑战。从水下沉积物中发现的污物来看，这里的建造使用了陶瓷和铅，建筑石头是从别的地方进口到埃及的。这些迹象表明在亚历山大大帝到来之前，这里就是一个很好的殖民地。

当年亚历山大大帝之所以选择这个地区建立亚历山大市，很可能是因为它拥有一个海湾，可以保护港口免遭地中海冬天强风暴的袭击。美国海岸学家斯丹利称："在埃及的地中海沿岸，鲜有几个地方的海岸线是不平坦的，因此这个地方应该是建立一个港口城市的最佳处所。在荷马的史诗《奥德赛》中曾提到过这个海湾，称海中的这个岛为法洛斯岛，人们从海湾的锚地处驾着修整好的船只驶入大海。"在古希腊、古克里特、古腓尼基和其他古文明时期，亚历山大城这个地区可能曾是一个避难所。

考古知识小花絮

亚历山大大帝

亚历山大大帝（公元前356-323年），古代马其顿国王，亚历山大帝国皇帝，世界著名军事家和政治家。在担任马其顿国王的13年中，以雄才大略，东征西讨，建立起了一个西起希腊、马其顿，东到印度河流域，南临尼罗河第一瀑布，北至药杀水的以巴比伦为首都的庞大帝国。公元前336年夏，亚历山大之父、古代马其顿国王腓力二世在女儿的婚

243

挖出来的 "古代文明"

礼上突然遇刺身亡，刚满20岁的亚历山大继承了王位。被腓力二世所征服的希腊各城邦国和色雷斯、伊利里亚等地的一些部落纷纷乘机叛乱或宣布独立。年轻统帅亚历山大首先率军进至巴尔干半岛北部，征服了背叛自己的伊利里亚诸部落。公元前334年春，亚历山大渡过赫勒斯滂海峡（即达达尼尔海峡），开始了长达10年的东征之战。公元前333年秋，亚历山大在伊苏斯城附近以"马其顿方阵"击败了大流士三世。乘胜东进，占领了东方最大的城市、古代东方的文化中心巴比伦，并为自己加了一个称号——"巴比伦及世界四方之王"。公元前327年，亚历山大率军由里海以南地区继续东进，经安息（帕提亚）、阿里亚、德兰古亚那，北上翻越兴都库什山脉，到达巴克特里亚（大夏）和粟特。公元前325年侵入印度，占领印度河流域。由于印度人民的顽强抵抗，加之疟疾的传染，毒蛇的伤害，公元前325年7月从印度撤兵。公元前323年，亚历山大在巴比伦发高烧身亡。

◆亚历山大灯塔之谜

亚历山大灯塔位于古埃及的亚历山大对面的法罗斯岛上，因此也叫做"法罗斯岛灯塔"，是世界七大奇迹之一。然而，亚历山大灯塔在夜晚保护了出海的船只不受海浪的冲击，为夜晚归岸的船只导航，为它周围人民的生活提供了便利。

公元前236年，古希腊叱咤风云的亚历山大在20岁时继承了王位，成为马其顿国王。他率领希腊联军，在埃及尼罗河口一个地理位置优越的无名渔村，建起了一个希腊化的城市，并用自己的名字命名为"亚历山大城"，命大将托勒密驻守于此。

亚历山大城里的居民很复杂，有埃及人、希腊人、叙利亚人等。

托勒密

公元前323年亚历山大去世后，他的将领托勒密在埃及称王，把亚历山大城定为首都，托勒密家族成为埃及最高统治者。

据说，公元前280年，托勒密在法罗斯岛上建造了早在公元前2世纪就被腓尼基旅行家昂蒂帕特列为世界七大奇迹之一的法罗斯灯塔。

关于这座灯塔，历史上有过记录。阿拉伯史学家伊本·谢赫(公元1132年–公元1207年)在公元1165年访问亚历山大，写成了《艾列夫巴》一书，较为详尽地描述了灯塔。1909年，德国工程师特里希根据各种文献绘制了灯塔的复原图。这两份材料是现今了解灯塔的主要依据。

灯塔的塔身是由白色大理石或石灰石制成的，分为上、中、下三个组成部分。下层塔身底部呈方形，塔

挖出来的"古代文明"

亚历山大灯塔

身随着上升逐渐收缩，高约71米，底部每一边长为高度的一半，上面四个角各安置一尊海神波赛敦的儿子口吹海螺号角的铸像，以此来表示风向方位。中层呈八角形，高约34米，相当于下层高度的一半。上层呈圆柱形，高约9米，上层塔身之上是一圆形塔顶，其中一个巨大的火炬不分昼夜地冒着火焰。塔顶之上铸着一尊高约7米的海神波赛敦青铜立像。

3层塔身共高114米，加上塔顶和塔顶之上的青铜立像，高度约135米。据说，在距离它60千米外的海面上就能看到它的巨大躯体。而由凹面金属镜反射出来的耀眼的火炬火光，使夜航船只在航行到距它56千米的地点就能够找到开往亚历山大港的航向。

亚历山大灯塔一段时间以来，一直没有关于灯塔的某些有实质的东西出现，以至于人们怀疑，2000多年前的亚历山大人果真能建造如此雄伟的巨塔吗？甚至有人认为，历史典籍中所描绘的高耸入云的法罗斯灯塔也许只是个美丽的传说。

灯塔是如何导航的呢？有人说高大的灯塔本身就是一个航标灯，灯塔进入视野宣告亚历山大港的临近；也有学者说，灯室内装有一块巨大的磨光的金属镜，又称魔镜。白天魔镜将阳光聚集折射到几十公里之外，引起航船注意。夜幕降临后，在镜前燃烧大量的木材，火光冲天，形同白昼，火光又通过特设的金属镜反射出去，照射到40千米以外，引导航船。还有人认为灯室内装有透明的水晶石或者玻璃镜，其作用类似今天的望远镜，极目远眺，近岸景物尽收眼底，灯室及时发出信号导航。因此，灯塔也具有防卫和侦察敌人的作用。

然而据考证，公元前235年的地中海大地震以及随之发生的海啸，将亚历山大城的无数建筑转眼间夷为平地，并使5万居民丧生，但法罗斯灯

地中海一景

挖出来的 "古代文明"

塔却奇迹般地保留了下来。不料在1301、1302年先后两次的强烈地震将灯塔全部震坍。随后1375年又一次更加猛烈的地震，终于将残存的塔基倾覆于地中海海底。千百年傲视地中海狂风巨浪，为古代航海事业做出非凡贡献的法罗斯灯塔从此销声匿迹。此后的一个多世纪中，亚历山大城战火纷飞，法罗斯灯塔的光芒在弥漫的硝烟中逐渐被人遗忘。特别是1472年，统治埃及的马穆鲁克王朝为了抵御外来入侵，干脆在灯塔的原址修造了一座军事要塞，命名为马穆鲁克要塞。由此，亚历山大灯塔也步入其他五个遗迹后尘，成为了现存金字塔外，最后一个消失的伟大建筑奇观。

1994年，在法罗斯灯塔旧址附近修筑防波堤时，意外地发现古代石料船之类的东西。令世人瞩目的海底考古开始了。

考察队在法罗斯灯塔旧址周围发现了大量的古代文物，仅从海

亚历山大灯塔遗址

248

多在13米以上，单体重达数十吨。

经过长时间水下搜索，考察队终于找到了法罗斯灯塔塔身。经测量，灯塔边长大约36米。在灯塔的每个侧面，都有大量的精美巨型雕像作为装饰。不难想像，当初法罗斯灯塔是何等地壮观。由于没有留下图纸，塔的形状到底如何？我们也说不明白，一切只能靠灯塔遗物来推断。

亚历山大大帝头像

底发现的狮身人面像就达十二座之多。其中托勒密王朝二世时期制作的狮身人面像的头部重达5吨，其身体和雕像的底座也在附近被发现，狮身人面像的底座长3.5米，侧面刻有托勒密王朝二世的称号。另外在海底还发现一组巨型雕像，总数达2000具以上。它们体积巨大，高度

令人困惑的是，打捞中不仅在海底发现了早于托勒密二世年代更加久远的文物，同时还打捞出来古埃及的方尖塔。它是太阳神的象征，也是法老时代的遗物。该方尖塔的头部是花岗岩制成，高1.44米，尖端为金字塔状，在塔的下面还用象形文字刻有赛帝一世的名号

和它统治的第十九王朝守护神的形象。据推测，此文物应有3000多年的历史。此外，他们还发现在不少文物上都刻有大量的象形文字和法老时代的符号。

失落已久的法罗斯灯塔终于浮出水面，长期以来人们对灯塔是否存在的疑虑被彻底打消了。但为什么在法罗斯灯塔周围发现的大批雕像和石材里，有很多是公元前3000年前古埃及时代的遗物？灯塔本身到底是在什么时候建造的呢？灯塔与这些古埃及遗物之间到底有什么千丝万缕的联系吗？

为此，许多专家对此进行了深入的研究。有人认为，灯塔本身是出自于3000多年前法老时代的古埃及人之手。也有人认为，灯塔是托勒密王朝所建，这些古埃及时代的雕像和石材只是亚历山大大帝征服埃及后从古埃及神庙征调来的。

然而，亚历山大灯塔究竟是在何时由何人建造的？那些古埃及遗物与它又有什么联系呢？这些疑问依然没有得到准确的答案。沧桑巨变，亚历山大灯塔现在已经化为一片废墟，其中所含的各种谜团还需要我们继续进行研究，以待早日解开。